AUTORES:

JOSÉ MARÍA CAÑIZARES MÁRQUEZ
CARMEN CARBONERO CELIS

COLECCIÓN OPOSICIONES MAGISTERIO: EDUCACIÓN FÍSICA

CASOS PRÁCTICOS EN EDUCACIÓN FÍSICA:
GUÍA PARA SU RESOLUCIÓN
(OPOSICIONES MAGISTERIO, EDUCACIÓN FÍSICA)

AUTORES

José Mª Cañizares Márquez

- Catedrático de Educación Física
- Tutor del Módulo del Practicum del Master de Secundaria
- Especialista en preparación de opositores
- Autor de numerosas obras sobre Educación y Preparación Física

Carmen Carbonero Celis

- D. E. A. en Instituciones Educativas
- Licenciada en Pedagogía
- Maestra de Primaria y Secundaria en centros de Educación Compensatoria
- Didacta presencial del Módulo de Pedagogía General en el CAP
- Profesora de Pedagogía Terapéutica en Centro Educación Primaria

Título: CASOS PRÁCTICOS EN EDUCACIÓN FÍSICA: GUÍA PARA SU RESOLUCIÓN. (OPOSICIONES MAGISTERIO, EDUCACIÓN FÍSICA)

Autores: José Mª Cañizares Márquez y Carmen Carbonero Celis

Editorial: WANCEULEN EDITORIAL DEPORTIVA, S.L.

C/ Cristo del Desamparo y Abandono, 56   41006 SEVILLA

Dirección web: www.wanceulen.com

I.S.B.N.: 978-84-9993-469-3

Dep. Legal:

© Copyright: **WANCEULEN EDITORIAL DEPORTIVA, S.L.**

Primera Edición: Año 2016

Impreso en España:

Reservados todos los derechos. Queda prohibido reproducir, almacenar en sistemas de recuperación de la información y transmitir parte alguna de esta publicación, cualquiera que sea el medio empleado (electrónico, mecánico, fotocopia, impresión, grabación, etc), sin el permiso de los titulares de los derechos de propiedad intelectual. Cualquier forma de reproducción, distribución, comunicación pública o transformación de esta obra solo puede ser realizada con la autorización de sus titulares, salvo excepción prevista por la ley. Diríjase a CEDRO (Centro Español de Derechos Reprográficos, www.cedro.org) si necesita fotocopiar o escanear algún fragmento de esta obra.

ÍNDICE

INTRODUCCIÓN 7

PROTOCOLO DE CONTESTACIÓN. CASOS PRÁCTICOS **9**

1.- LO QUE NOS INDICA LA CONVOCATORIA DE 2015. CRITERIOS DE EVALUACIÓN. 9

2.- FORMA DE EVALUAR EL EJERCICIO PRÁCTICO. 9

3.- PROPUESTA DE RESOLUCIÓN. ESTÁNDARES DE RESOLUCIÓN. 10

4.- RESUMEN DEL GUIÓN PARA LA RESOLUCIÓN DE LOS SUPUESTOS PRÁCTICOS 30

5.- TEXTOS ESTÁNDARES DE APOYO. 32

6.- CARACTERÍSTICAS PSICOBIOLÓGICAS DEL ALUMNADO DE PRIMARIA. 47

7.- RECOMENDACIONES PARA LA REALIZACIÓN DEL SUPUESTO PRÁCTICO ESCRITO. 50

8.- EJEMPLO-TIPO DE SUPUESTO PRÁCTICO RESUELTO. 53

INTRODUCCIÓN

Presentamos una guía eminentemente práctica y didáctica destinada a aclarar a las personas opositoras cómo abordar el examen del "**caso[1] práctico**" en las oposiciones al Cuerpo de Maestros, especialidad de Educación Física.

Nuestra amplia **experiencia** en la preparación nos avala, así como la edición de varios libros sobre temarios LOGSE y LOE, guías para la realización de la Programación Didáctica y Unidades Didácticas, manuales sobre la terminología de los currículum, etc.

El examen práctico ha ido sufriendo **transformaciones** a lo largo de las sucesivas convocatorias: vídeo sobre una sesión que era preciso criticar y proponer alternativas didácticas, test de rendimiento físico, ejercicio de expresión corporal en función de un determinado ritmo, etc.

Pero, desde hace unas convocatorias y al menos en Andalucía, se ha consolidado en las oposiciones de Primaria y Secundaria el actual formato consistente en la exposición de **dos situaciones** más o menos habituales que nos podemos encontrar en un CEIP cualquier día del curso. Quien oposita debe **escoger una** y darle **respuesta** en un **tiempo** dado.

Pretendemos con esta publicación **ayudar** a quienes aspiran a sacar plaza para orientarlos y encauzarlos en la preparación de esta fase de la oposición.

También hemos añadido al final una serie de **recomendaciones** que consideramos imprescindibles conocer antes de abordar la preparación de esta parte de la oposición. Nos referimos a que no podemos ponernos a escribir sin orden ni concierto, es preciso conocer nuestra propia capacidad grafomotriz, es decir, el "**molde**" o **cantidad de contenido** que tengo que **dominar** para después ser capaz de desarrollar (procesar mentalmente y escribir), durante el tiempo dado para la realización del examen práctico escrito, evidentemente con buena letra, ortografía y sintaxis, entre otros detalles. Conocer y estudiar más de lo que somos capaces de escribir en el tiempo que nos dan, es una **pérdida de tiempo**. También es un fracaso no cumplir ese tope de tiempo porque sería una situación de ventaja para los demás opositores, que nosotros les regalaríamos gratuitamente.

Los autores estamos a **disposición** de quienes nos leen para cualquier consulta "rápida" en:

oposicionedfisica@gmail.com

---

[1] Usamos indistintamente los términos caso / supuesto / ejercicio / examen, ya que todos ellos son utilizados por las diferentes comunidades autónomas en sus convocatorias de oposiciones.

PROTOCOLO DE CONTESTACIÓN. CASOS PRÁCTICOS

Veamos primero qué es lo que debemos hacer. Para ello nos tenemos que remitir a lo que nos indican las distintas **órdenes** de las convocatorias en cada una de las comunidades autónomas.

En nuestro caso nos **centramos** en la de **Andalucía**.

1.- LO QUE NOS INDICA LA CONVOCATORIA DE 2015. CRITERIOS DE EVALUACIÓN.

El BOJA nº 62, de 31 de marzo de 2015, en su página 16, publica la Orden de 23 de marzo de 2015, por la que se efectúa convocatoria de procedimiento selectivo para el ingreso en el Cuerpo de Maestros.

En el apartado relativo a la realización del *"ejercicio práctico"*, para la especialidad de Educación Física, indica:

Educación Física.

La parte práctica de la primera prueba constará en la **resolución de un supuesto** sobre distintas situaciones escolares de **entre dos propuestos** por el tribunal, pudiendo **elegir el nivel del alumnado**. Consistirá en plantear una intervención razonada y fundamentada dentro del **marco teórico** y en relación con el **currículo vigente** de la especialidad de la Comunidad Autónoma de Andalucía, así como una **propuesta didáctica y organizativa**, que permita al tribunal comprobar su formación científica y el dominio de las estrategias docentes.

2.- FORMA DE EVALUAR EL EJERCICIO PRÁCTICO.

Criterios de evaluación.

La propia CEJA publica en Junio de 2015, los criterios que van a tener en cuenta los tribunales en la Convocatoria de ese año. Son:

CONCURSO OPOSICIÓN AL CUERPO DE MAESTROS 2015. CRITERIOS GENERALES PARTE "A" (SUPUESTO PRÁCTICO). PUNTUACIÓN DE 0 A 10

Criterio nº 1. Identifica la situación propuesta. Da respuesta a la situación escolar planteada.
Criterio nº 2. Presenta la resolución de manera organizada y clara, con fluidez en la redacción, usa correctamente el lenguaje y presenta una adecuada construcción sintáctica.
Criterio nº 3. Usa con propiedad el lenguaje técnico y específico propio de la especialidad.
Criterio nº 4. Fundamenta la resolución con autores y bibliografía que realmente hacen referencia al contenido en cuestión, así como con la normativa vigente.
Criterio nº 5. Relaciona todos los elementos del currículum con el supuesto planteado.
Criterio nº 6. Considera las características del alumno o alumna y sus necesidades.
Criterio nº 7. Realiza un planteamiento didáctico original.

TIEMPO: 3 HORAS Y 30 MINUTOS. (Estimamos en 2 horas para el ejercicio escrito del tema + 1'5 horas para el ejercicio escrito del práctico).

3.- PROPUESTA DE RESOLUCIÓN. ESTÁNDARES DE RESOLUCIÓN.

De la lectura de lo indicado en la O. de Convocatoria de 2015, se desprende que debemos contestar indicando cómo **actuaríamos** ante la situación o trama imaginada que nos esboza.

Hay que hacer el planteamiento resolutorio de forma **razonada** porque normalmente pueden caber **varias** propuestas. Es decir, "*hago esto porque...*" Este "hacer" lo debemos fundamentar, es decir, apoyarnos en la **teoría** (autores) conocida de los temas escritos y en lo expresado por **currículum nacional y andaluz** (leyes, reales decretos, decretos y órdenes).

La **resolución** que propongamos debemos **organizarla**, es decir, no se trata de escribir pautas y directrices sin ton ni son. Debemos seguir una **estructura** lógica, progresiva y aplicada a algún ciclo o nivel que escojamos, pero basándonos en los aspectos teóricos y curriculares antes comentados.

No debemos olvidar que la resolución no debe ser única, es decir, en cierta manera establecemos estrategias que permitan una **individualización** de la enseñanza y adaptarla al contexto, siempre que nos sea posible, aunque con una metodología lúdica, participativa, **cooperativa** e investigadora.

Estimamos en unos **20-30 minutos** para elegir el caso a resolver y para hacer, en sucio los planteamientos y soluciones a proyectar, por lo que nos restarían poco más de **60 minutos** para escribir **ordenadamente** lo pensado.

RECORDAMOS: <u>**LEER**</u> bien y <u>**COMPRENSIVAMENTE**</u> el enunciado. Muchas veces contestamos a cuestiones que **no nos preguntan**. Es decir, **¿QUÉ ME PIDEN?**

Veamos un **ejemplo** concreto de resolución especificando los siete criterios de evaluación concretos aludidos y expuestos en el punto 2:

```
SUPUESTO PRÁCTICO Nº "X"
CURSO 2016-2017
```

"Usted es maestro/a especialista en Educación Física y se encuentra con una situación en que...". "¿Cómo propone resolverla indicando..."

- - - - - - - - - - - - - - -

La inclusión de un índice indica que presentamos una resolución de manera organizada **(criterio de corrección nº 2)**. De ahí que debamos comenzar por:

ÍNDICE:
- Introducción
1. Marcos referenciales
    1.1. R. legislativas
    1.2. R. curriculares
    1.3. R. conceptuales
2. Resolución del problema planteado
- Conclusiones
- Bibliografía
- Legislación
- Webgrafía

INTRODUCCIÓN

Proponemos estructurar la introducción del supuesto elegido resumiendo y/o parafraseando lo que indica la trama del supuesto, al que podemos añadir algo propio, pero siempre haciendo referencia a lo que nos preguntan. Por ejemplo, **aclarando** brevemente los conceptos que aparezcan en el título.

Añadimos una o dos líneas sobre **aspectos genéricos** para resolverlo, sin ejemplos porque ya sería entrar en la resolución en sí, así como en la legislación y bibliografía en la que nos apoyamos.

Es habitual llevar preparadas varias introducciones "**comodines**". En ese caso, debemos poner mucha atención para **adaptarlas** a las circunstancias de la trama.

"Este ejercicio práctico nos pide _____" **(Criterio nº 1).**

"Lo resolvemos indicando _____"

"Para ello nos basaremos en el marco teórico que propugnan autores tales como X ; Y, Z, y en el marco curricular de Andalucía, concretamente en la legislación _____ , _____ y _____".

"Como ejemplo concreto de aplicación, detallamos una _____ y _____", **(Criterio nº 1).**

1. MARCOS REFERENCIALES (Criterio nº 4).

1.1. Referencias legislativas (Criterio nº 4).

¿Cómo podemos **encuadrar el título** del supuesto práctico, su contenido y entramado, dentro de las múltiples referencias que la **legislación** tiene hacia la **educación física**?

Es decir, ¿dónde **cita** la legislación lo concerniente a la salud y prevención de accidentes en el aula, el dominio corporal, la integración del alumnado con discapacidad, el juego, la iniciación deportiva, las actividades extraescolares, etc. en función con lo que nos pida el enunciado o **trama** del supuesto? Por **ejemplo**:

"La Ley Orgánica 2/2006, de 3 de mayo, de Educación (L. O. E.), modificada por la LOMCE/2013, indica en relación al enunciado del supuesto práctico, en su artículo "x", que _____, de ahí que esta ley la tengamos como primer referente legislativo".

"La LOMCE/2013, que está desarrollada por el R.D. 126/2014, indica (sobre el título del caso práctico) que _____".

"El R. D. 126/2014, *de 28 de febrero, por el que se establece el **currículo básico de la Educación Primaria*. B. O. E. nº 52, de 01/03/2014, expresa en su apartado sobre _____, que _____, por lo que también lo tomamos como guía debido a su relación con el formulado en el ejercicio práctico".

"En cualquier caso, no olvidemos que nuestra área persigue formar un alumnado competente en su motricidad, entendiendo la competencia motriz como el conjunto de capacidades, conocimientos, procedimientos, actitudes y sentimientos que intervienen en las múltiples interacciones que las personas realizan en su medio y con las demás, permitiéndoles resolver diferentes problemas que requieren de una habilidad motriz adecuada y, a través de la transferencia de la motricidad a distintas situaciones de la vida cotidiana, alcanzar otros objetivos no exclusivos del ámbito motor (R.D. 126/2014)".

1.2. Referencias curriculares (Criterio nº 5).

Debemos **relacionar** los diferentes elementos curriculares: **competencias, objetivos, contenidos, evaluación**... con lo que trata el supuesto. En cualquier caso, podríamos comenzar por lo que expresa el R.D. 126/2014 sobre las **cinco situaciones** motrices diferentes que se dan siempre en el área, **justificándolo** muy brevemente y relacionándola con el caso escogido, teniendo como hilo conductor el enunciado o las soluciones a aportar.

Recordamos que las cinco situaciones motrices, son:

El R.D. 126/2014 indica que *"los elementos curriculares de la programación de la asignatura de Educación Física pueden estructurarse en torno a cinco situaciones motrices diferentes:*

*a) **Acciones motrices individuales en entornos estables**: suelen basarse en modelos técnicos de ejecución en los que resulta decisiva la capacidad de ajuste para lograr conductas motrices cada vez más eficaces, optimizar la realización, gestionar el riesgo y alcanzar soltura en las acciones. Este tipo de situaciones se suelen presentar en las actividades de desarrollo del esquema corporal, de adquisición de habilidades* *individuales, la preparación física de forma individual, el atletismo, la natación y la gimnasia en algunos de sus aspectos, entre otros.*

b) Acciones motrices en situaciones de oposición. *En estas situaciones resulta imprescindible la interpretación correcta de las acciones de un oponente, la selección acertada de la acción, la oportunidad del momento de llevarla a cabo, y la ejecución de dicha decisión. La atención, la anticipación y la previsión de las consecuencias de las propias acciones en el marco del objetivo de superar al contrario, son algunas de las facultades implicadas. A estas situaciones corresponden los juegos de uno contra uno, los juegos de lucha, el judo, el bádminton, el tenis, el mini-tenis y el tenis de mesa, entre otros.*

c) Acciones motrices en situaciones de cooperación, con o sin oposición. *En estas situaciones se producen relaciones de cooperación y colaboración con otros participantes en entornos estables para conseguir un objetivo, pudiéndose producir que las relaciones de colaboración tengan como objetivo el de superar la oposición de otro grupo. La atención selectiva, la interpretación de las acciones del resto de los participantes, la previsión y anticipación de las propias acciones atendiendo a las estrategias colectivas, el respeto a las normas, la capacidad de estructuración espacio-temporal, la resolución de problemas y el trabajo en grupo, son capacidades que adquieren una dimensión significativa en estas situaciones; además de la presión que pueda suponer el grado de oposición de adversarios en el caso de que la haya. Juegos tradicionales, actividades adaptadas del mundo del circo, como acrobacias o malabares en grupo; deportes como el patinaje por parejas, los relevos en línea, la gimnasia en grupo, y deportes adaptados, juegos en grupo; deportes colectivos como baloncesto, balonmano, béisbol, rugby, fútbol y voleibol, entre otros, son actividades que pertenecen a este grupo.*

d) Acciones motrices en situaciones de adaptación al entorno físico. *Lo más significativo en estas acciones es que el medio en el que se realizan las actividades no tiene siempre las mismas características, por lo que genera incertidumbre. En general se trata de desplazamientos con o sin materiales, realizados en el entorno natural o urbano que puede estar más o menos acondicionado, pero que experimentan cambios, por lo que el alumnado necesita organizar y adaptar sus conductas a las variaciones del mismo. Resulta decisiva la interpretación de las condiciones del entorno para situarse, priorizar la seguridad sobre el riesgo y para regular la intensidad de los esfuerzos en función de las posibilidades personales. Estas actividades facilitan la conexión con otras áreas de conocimiento y la profundización en valores relacionados con la conservación del entorno, fundamentalmente del medio natural. Puede tratarse de actividades individuales, grupales, de colaboración o de oposición. Las marchas y excursiones a pie o en bicicleta, las acampadas, las actividades de orientación, los grandes juegos en la naturaleza (de pistas, de aproximación y otros), el esquí, en sus diversas modalidades, o la escalada, forman parte, entre otras, de las actividades de este tipo de situación.*

e) Acciones motrices en situaciones de índole artística o de expresión. *En estas situaciones las respuestas motrices requeridas son de carácter estético y comunicativo y pueden ser individuales o en grupo. El uso del espacio, las calidades del movimiento, así como los componentes rítmicos y la movilización de la imaginación y la creatividad en el uso de diferentes registros de expresión (corporal, oral, danzada, musical), son la base de estas acciones. Dentro de estas actividades tenemos los juegos cantados, la expresión corporal, las danzas, el juego dramático y el mimo, entre otros. La propuesta curricular de la Educación Física debe permitir organizar y secuenciar los aprendizajes que tiene que desarrollar el alumnado de Educación Física a lo largo de su paso por el sistema educativo, teniendo en cuenta su momento* *madurativo del alumnado, la lógica interna de las diversas situaciones motrices, y que hay elementos que afectan de manera transversal a todos los bloques como son las capacidades físicas y las coordinativas, los valores sociales e individuales y la educación para la salud".*

Además, debemos **relacionar** el enunciado del supuesto con los elementos curriculares. Nos referimos a:

1.- CC. Clave. **(Criterio nº 5)**.

El supuesto práctico trata sobre _____. Así pues, está relacionado con la/s C. Clave _____ y _____, porque _____.

Recordamos las CC. Clave vistas en el Tema 2 y su relación genérica y muy resumida con los distintos campos de la Educación Física en esta etapa, que va a facilitar la ubicación:

RELACIÓN ENTRE LAS COMPETENCIAS Y EL ÁREA DE ED. FÍSICA. CONCEPTOS "CLAVE"
1.º Comunicación lingüística.
Importancia para el conocimiento del lenguaje específico de los términos físicos y deportivos. Posibilidad de infinidad de intercambios comunicativos.
2.º Competencia matemática y competencias básicas en ciencia y tecnología
Mejora de esta competencia por la práctica de los contenidos propios del área. Por ejemplo: dominio del espacio y nociones de orden, líneas, formas volumétricas, figuras, conteo, cantidades, cálculos porcentuales y operaciones matemáticas de distancias, datos estadísticos, etc. Adaptación del propio cuerpo al medio. Conocimiento de la naturaleza y su interacción.
3.º Competencia digital.
Habilidades necesarias para buscar, seleccionar, tratar y transformar la información en Internet y otros medios multimedia, de una forma objetiva y productiva, para que dominen el conocimiento de forma autónoma, funcional y segura. Crear conocimiento en diferentes lenguajes, realizar proyectos, solucionar problemas y tomar decisiones en entornos digitales, producir conocimiento y publicarlo a través de uso de herramientas de edición digital, usar las TIC como instrumento creativo y de innovación, Trabajar con eficacia con contenidos digitales en contextos virtuales de enseñanza – aprendizaje, etc.
4.º Aprender a aprender.
Habilidades para iniciarse en el aprendizaje y ser capaz de continuar aprendiendo de manera cada vez más eficaz y autónoma habilidades más complejas. Adquirir conciencia de las propias capacidades (físicas, intelectuales, emocionales), del proceso y las estrategias necesarias para desarrollarlas, así como de lo que se puede hacer por uno mismo y de lo que se puede hacer con ayuda de otras personas o recursos. Conocer sus potencialidades y carencias, sacando provecho de las primeras y teniendo motivación y voluntad para superar las segundas desde una expectativa de éxito, aumentando progresivamente la seguridad para afrontar nuevos retos de aprendizaje. Por ejemplo, en aprender juegos, deportes, estrategias para la mejora de la condición física-salud, etc. genera autoconfianza.

RELACIÓN ENTRE LAS COMPETENCIAS Y EL ÁREA DE ED. FÍSICA. CONCEPTOS "CLAVE"
5.º Competencias sociales y cívicas.
Relacionarse con los demás a través del juego en grupo, por lo que trabajamos las percepciones corporales, espaciales y temporales, además de valores como respeto, interrelación, cooperación y solidaridad. En suma, las habilidades sociales y el respeto a las reglas y a los demás. Cumplir las normas de los juego supone la aceptación de códigos de conducta para la convivencia, acudiendo al diálogo cuando ocurra algún conflicto. La actividad física como medio de prácticas para un estilo de vida saludable. Crítica a los malos hábitos de sedentarismo, alcohol, tabaco, etc.
6.º Sentido de iniciativa y espíritu emprendedor.
Auto superación y actitud positiva en la organización actividades. Toma de decisiones de forma autónoma.
7.º Conciencia y expresiones culturales.
Posibilidades y recursos corporales: expresión corporal, danza, deportes, juegos populares, tradicionales y otros. Valoración de la diversidad cultural. El fenómeno deportivo como espectáculo: reflexión y análisis crítico a la violencia que en él se produce.

2.- Objetivos de Etapa. **(Criterio nº 5)**

El título del ejercicio práctico que nos pongan suele conectar con la mayoría de los objetivos de etapa, aunque especialmente con el "k", que dice: "_____", porque _____.

Pero, si el contenido del caso trata sobre el hecho expresivo, debemos nombrar al "j". Si la trama del supuesto gira sobre respetar a los demás, establecer reglas de juegos, etc. debemos citar al "a". Y así otros muchos ejemplos.

Relacionamos ahora los objetivos generales de la etapa (RD 126/2014) para **facilitar** la labor de los opositores:

"*La Educación Primaria contribuirá a desarrollar en los niños y niñas las capacidades que les permitan:*

a) Conocer y apreciar los valores y las normas de convivencia, aprender a obrar de acuerdo con ellas, prepararse para el ejercicio activo de la ciudadanía y respetar los derechos humanos, así como el pluralismo propio de una sociedad democrática.

b) Desarrollar hábitos de trabajo individual y de equipo, de esfuerzo y de responsabilidad en el estudio, así como actitudes de confianza en sí mismo, sentido crítico, iniciativa personal, curiosidad, interés y creatividad en el aprendizaje, y espíritu emprendedor.

c) Adquirir habilidades para la prevención y para la resolución pacífica de conflictos, que les permitan desenvolverse con autonomía en el ámbito familiar y doméstico, así como en los grupos sociales con los que se relacionan.

d) Conocer, comprender y respetar las diferentes culturas y las diferencias entre las personas, la igualdad de derechos y oportunidades de hombres y mujeres y la no discriminación de personas con discapacidad.

e) Conocer y utilizar de manera apropiada la lengua castellana y, si la hubiere, la lengua cooficial de la Comunidad Autónoma y desarrollar hábitos de lectura.

f) Adquirir en, al menos, una lengua extranjera la competencia comunicativa básica que les permita expresar y comprender mensajes sencillos y desenvolverse en situaciones cotidianas.

g) Desarrollar las competencias matemáticas básicas e iniciarse en la resolución de problemas que requieran la realización de operaciones elementales de cálculo, conocimientos geométricos y estimaciones, así como ser capaces de aplicarlos a las situaciones de su vida cotidiana.

h) Conocer los aspectos fundamentales de las Ciencias de la Naturaleza, las Ciencias Sociales, la Geografía, la Historia y la Cultura.

i) Iniciarse en la utilización, para el aprendizaje, de las Tecnologías de la Información y la Comunicación desarrollando un espíritu crítico ante los mensajes que reciben y elaboran.

j) Utilizar diferentes representaciones y expresiones artísticas e iniciarse en la construcción de propuestas visuales y audiovisuales.

k) Valorar la higiene y la salud, aceptar el propio cuerpo y el de los otros, respetar las diferencias y utilizar la educación física y el deporte como medios para favorecer el desarrollo personal y social.

l) Conocer y valorar los animales más próximos al ser humano y adoptar modos de comportamiento que favorezcan su cuidado.

m) Desarrollar sus capacidades afectivas en todos los ámbitos de la personalidad y en sus relaciones con los demás, así como una actitud contraria a la violencia, a los prejuicios de cualquier tipo y a los estereotipos sexistas.

n) Fomentar la educación vial y actitudes de respeto que incidan en la prevención de los accidentes de tráfico".

3. Objetivos de Andalucía. **(Criterio nº 5)**

También debemos **establecer la relación** que tiene el supuesto que elijamos con los objetivos propios de la comunidad autónoma donde nos presentemos. A modo de ejemplo citamos a los llamados "Objetivos de Andalucía" (D. 97/2015). Éstos, son:

D. 97/2015, de 3 de marzo, BOJA nº 50, de 13/03/2015, por el que se establece la ordenación y el currículo de la educación Primaria en la comunidad Autónoma de Andalucía, nos indica que la Educación Primaria contribuirá a desarrollar en el alumnado las capacidades que le permita alcanzar, además de los objetivos "oficiales" y comunes a toda España, los siguientes:

Art. 4. Objetivos:

a) Desarrollar la confianza de las personas en sí mismas, el sentido crítico, la iniciativa personal, el espíritu emprendedor y la capacidad para aprender, planificar, evaluar riesgos, tomar decisiones y asumir responsabilidades.
b) Participar de forma solidaria, activa y responsable, en el desarrollo y mejora de su entorno social y natural.
c) Desarrollar actitudes críticas y hábitos relacionados con la salud y el consumo responsable.
d) Conocer y valorar el patrimonio natural y cultural y contribuir activamente a su conservación y mejora, entender la diversidad lingüística y cultural como un valor de los pueblos y de las personas y desarrollar una actitud de interés y respeto hacia la misma.
e) Conocer y apreciar las peculiaridades de la modalidad lingüística andaluza en todas sus variedades.
f) Conocer y respetar la realidad cultural de Andalucía, partiendo del conocimiento y de la comprensión de la misma como comunidad de encuentro de culturas.

Como ejemplo podemos citar el supuesto donde parte del entramado es hacer una actividad en el medio natural: marcha, orientación, etc. Y, además, recoger posibles basuras, envases, etc. que, por desgracia, suelen existir. El "b" y "d" serían en este caso los más relacionados.

Art. 5, punto 5, sobre determinación y principios para la determinación del currículo en Andalucía:

La Educación Primaria contribuirá a desarrollar en el alumnado las **capacidades** que le permita alcanzar, además de los objetivos enumerados en el artículo 17 de la ley Orgánica 2/2006, de 3 de mayo, los siguientes:

a) La prevención y resolución pacífica de conflictos, así como los valores que preparan al alumnado para asumir una vida responsable en una sociedad libre y democrática.
b) La adquisición de hábitos de vida saludable que favorezcan un adecuado bienestar físico, mental y social.
c) La utilización responsable del tiempo libre y del ocio, así como el respeto al medio ambiente.
d) La igualdad efectiva entre mujeres hombres, la prevención de la violencia de género y la no discriminación por cualquier condición personal o social.
e) El espíritu emprendedor a partir del desarrollo de la creatividad, la autonomía, la iniciativa, el trabajo en equipo, la autoconfianza y el sentido crítico.
f) La utilización adecuada de las herramientas tecnológicas de la sociedad del conocimiento.

Por ejemplo, en el caso de un supuesto relacionado con búsqueda de información en Internet, contestar a cuestiones de una Wiki o de una Webquest. Ahora sería el "f" al que deberíamos citar dada su clara relación.

Así pues, estos son los llamados "**objetivos de Andalucía**", que deben **aludir** quienes opositen en esta Comunidad. A cada uno podemos contribuir desde nuestra área, como hemos expuesto en los ejemplos anteriores, pero siempre **justificándolo** brevemente.

4.- Objetivos de Área. **(Criterio nº 5)**

En la misma línea que lo anteriormente comentado para los objetivos de Etapa, debemos proceder con los del Área. Es decir, matizar que la trama del supuesto está vinculada a uno o a varios de los objetivos del área, añadiendo una breve **justificación**.

Exponemos ahora los objetivos que indica para el área/asignatura de Educación Física, la O. 17/03/2015, por la que se desarrolla el currículo correspondiente a la Educación Primaria en Andalucía, BOJA nº 60, de 27/03/2015, son (Tema 2):

O.EF.1. Conocer su propio cuerpo y sus posibilidades motrices con el espacio y el tiempo, ampliando este conocimiento al cuerpo de los demás.

O.EF.2. Reconocer y utilizar sus capacidades físicas, habilidades motrices y conocimiento de la estructura y funcionamiento del cuerpo para el desarrollo motor mediante la adaptación del movimiento a nuevas situaciones de la vida cotidiana.

O.EF.3. Utilizar la imaginación, creatividad y la expresividad corporal a través del movimiento para comunicar emociones, sensaciones, ideas y estados de ánimo, así como comprender mensajes expresados de este modo.

O.EF.4. Adquirir hábitos de ejercicio físico orientados a una correcta ejecución motriz, a la salud y al bienestar personal, del mismo modo, apreciar y reconocer los efectos *del ejercicio físico, la alimentación, el esfuerzo y hábitos posturales para adoptar actitud crítica ante prácticas perjudiciales para la salud.*

O.EF.5 Desarrollar actitudes y hábitos de tipo cooperativo y social basados en el juego limpio, la solidaridad, la tolerancia, el respeto y la aceptación de las normas de convivencia ofreciendo el diálogo en la resolución de problemas y evitando discriminaciones de género, culturales y sociales.

O.EF.6. Conocer y valorar la diversidad de actividades físicas, lúdicas, deportivas y artísticas como propuesta al tiempo de ocio y forma de mejorar las relaciones sociales y la capacidad física y además teniendo en cuenta el cuidado del entorno natural donde se desarrollen dichas actividades.

O.EF.7. Utilizar las TIC, como recurso de apoyo al área, para acceder, indagar y compartir información relativa a la actividad física y el deporte.

5.- Bloques de contenido. **(Criterio nº 5)**

Ahora debemos analizar **qué bloque** de los cuatro señalados en la legislación está/n **relacionado/s** con el supuesto escogido. También debemos citar algún **ejemplo** de este vínculo y/o algún ejemplo concreto de contenido recogido en la O. de 17/03/2015.

Recordamos que los bloques (Tema 2), son:

La O. 17/03/2015, por la que se desarrolla el currículo correspondiente a la Educación Primaria en Andalucía, BOJA nº 60, de 27/03/2015, indica que para **alcanzar las competencias** en el área de Educación física los contenidos se **organizan** en torno a **cuatro bloques**.

- **Bloque 1**, "*El cuerpo y sus habilidades perceptivo motrices*": desarrolla los contenidos básicos de la etapa que servirán para posteriores aprendizajes más complejos, donde seguir desarrollando una amplia competencia motriz. Se trabajará la autoestima y el autoconocimiento de forma constructiva y con miras a un desarrollo integral del alumnado.

- **Bloque 2**, "*La Educación física como favorecedora de salud*": está centrado en la consolidación de hábitos de vida saludable, de protocolos de seguridad antes, durante y después de la actividad física y en la reflexión cada vez más autónoma frente a hábitos perjudiciales. Este bloque tendrá un claro componente transversal.

- **Bloque 3**, "*La Expresión corporal: expresión y creación artística*": se refiere al uso del movimiento para comunicarse y expresarse, con creatividad e imaginación.

- **Bloque 4**, "*El juego y el deporte escolar*": desarrolla contenidos sobre la realización de diferentes tipos de juegos y deportes entendidos como manifestaciones culturales y sociales de la motricidad humana. El juego, además de ser un recurso recurrente dentro del área, tiene una dimensión cultural y antropológica.

Ejemplos concretos de contenidos (O. 17/03/2015):

Primer Ciclo

Bloque 1: "El cuerpo y sus habilidades perceptivo motrices"

1.1. Toma de conciencia y aceptación del propio cuerpo, afianzando la confianza en sí mismo.
1.2. Conocimiento de los segmentos corporales y observación de éstos en sí mismo y los demás.
1.3. Identificación y conocimiento del cuerpo en relación con la tensión, relajación y respiración.
1.4. Relación de las principales partes del cuerpo con los movimientos realizados.
1.5. Afirmación de la lateralidad y discriminación de derecha e izquierda sobre sí y sobre los demás.
1.6. Identificación y reconocimiento del lado dominante (ojo, brazo y pierna).
1.7. Exploración y diferenciación de las posibilidades sensoriales del cuerpo (visión, audición, táctil, olfativa y cenestésica).
1.8. Coordinación corporal (ojo, oído, tacto, cenestesia) con el movimiento.
1.9. Posturas corporales. Corrección y elección de las más adecuadas para el desarrollo de los ejercicios.
1.10. Experimentación de situaciones de equilibrio tanto estático como dinámico en diversas situaciones (base estable o inestable y modificando los puntos de apoyo).
1.11. Dominio progresivo de la percepción espacial, a través de básicas nociones topológicas y de distancia (arriba-abajo, delante-detrás, dentro-fuera, cerca-lejos, alto-bajo, juntos-separados).
1.12. Apreciación y cálculo de distancias en reposo y en movimiento, respecto a uno mismo, a los demás y diversos objetos.
1.13. Dominio progresivo de la percepción temporal a través de sencillas nociones relacionadas con el tiempo (ritmos, secuencias, velocidad, duración).
1.14. Experimentación de diferentes formas de ejecución y control de las habilidades motrices básicas (desplazamientos, saltos y suspensiones, giros, lanzamientos y recepciones, transportes y conducciones).
1.15. Disposición favorable a participar en actividades diversas aceptando la existencia de diferencias en el nivel de habilidad.

Bloque 2: "La Educación Física como favorecedora de salud"

2.1. Adquisición de hábitos básicos de higiene corporal, alimentarios y posturales relacionados con la actividad física.
2.2. Relación de la actividad física y de la alimentación con el bienestar y la salud.
2.3. Movilidad corporal orientada a la salud.
2.4. Respeto de las normas de uso de materiales y espacios en la práctica de actividades motrices.
2.5. Toma de conciencia y aceptación del uso de ropa y calzado adecuados para una correcta práctica deportiva.

Bloque 3: "La Expresión corporal: Expresión y creación artística motriz"

3.1. Indagación y exploración de las posibilidades expresivas del cuerpo (tono muscular, mímica, gestos) y del movimiento (ritmo, espacio, tiempo).
3.2. Expresión e interpretación de la música en general y el flamenco en particular a través del cuerpo, sincronizando sencillas estructuras rítmicas a partir de un compás y un tiempo externo.
3.3. Práctica de sencillos bailes y danzas populares o autóctonas de la Comunidad

Autónoma de Andalucía.

3.4. Imitación y representación desinhibida de emociones y sentimientos a través del cuerpo, el gesto y el movimiento.

3.5. Imitación de personajes, objetos y situaciones; cercanos al contexto, entorno y vida cotidiana de los niños/as.

3.6. Participación y disfrute en actividades que supongan comunicación a través de las expresiones, el cuerpo y el movimiento.

3.7. Respeto y aceptación hacia los demás por las formas de expresarse a través del cuerpo y el movimiento.

Bloque 4: "El juego y deporte escolar"

4.1. Reflexión e interiorización sobre la importancia de cumplir las normas y reglas de los juegos.

4.2. Utilización y respeto de reglas del juego para la organización de situaciones colectivas.

4.3. Conocimiento y práctica de diferentes tipos de juegos: libres-organizados, sensoriales, simbólicos y cooperativos.

4.4. Indagación y práctica de juegos populares y tradicionales propios de la cultura andaluza.

4.5. Práctica y disfrute de juegos en los que se utilicen las habilidades básicas, fundamentalmente los desplazamientos.

4.6. Aceptación de diferentes roles en el juego.

4.7. Respeto y aceptación de las demás personas que participan en el juego.

4.8. Participación activa en los juegos, buscando siempre el aspecto lúdico y recreativo.

4.9. Espacios para desarrollar el juego: colegio, calles, plazas, campo ,etc, con gran arraigo en Andalucía.

Segundo Ciclo

Bloque 1: "El cuerpo y sus habilidades perceptivo motrices"

1.1. Desarrollo global y analítico del esquema corporal, con representación del propio cuerpo y el de los demás.

1.2. Descubrimiento progresivo a través de la exploración y experimentación de las capacidades perceptivas y su relación con el movimiento.

1.3. Desarrollo de la relajación global y de grandes segmentos corporales para aumento del control del cuerpo en relación con la tensión, la relajación y actitud postural.

1.4. Conocimiento e indagación de las fases, los tipos y los ritmos respiratorios, para su progresivo control en diferentes actividades.

1.5. Adecuación autónoma de la postura a las necesidades expresivas y motrices para mejora de las posibilidades de movimiento de los segmentos corporales.

1.6. Consolidación y abstracción básica de la lateralidad y su proyección en el espacio. Aprecio eficaz de la derecha y la izquierda en los demás.

1.7. Control del cuerpo en situaciones de equilibrio y desequilibrio modificando la base de sustentación, los puntos de apoyo y la posición del centro de gravedad, en diferentes planos.

1.8. Estructuración y percepción espacio-temporal en acciones y situaciones de complejidad creciente. Apreciación de distancias, trayectorias y velocidad. Memorización de recorridos. Reconocimiento de la
posición relativa de dos objetos.

1.9. Desarrollo de la autoestima y la confianza en uno mismo a través de la actividad física. Valoración y aceptación de la realidad corporal propia y de los demás.

1.10. Experimentación con distintas posibilidades del movimiento.
1.11. Ajuste y utilización eficaz de los elementos fundamentales en las habilidades motrices básicas en medios y situaciones estables y conocidas.
1.12. Desarrollo del control motor y el dominio corporal en la ejecución de las habilidades motrices.
1.13. Experimentación y adaptación de las habilidades básicas a situaciones no habituales y entornos desconocidos, con incertidumbre, reforzando los mecanismos de percepción y decisión en las tareas
motoras.

Bloque 2: "La Educación Física como favorecedora de salud"

2.1. Valoración de los hábitos posturales más correctos. Asimilación progresiva de una actitud postural correcta y equilibrada en reposo y en movimiento.
2.2. Adquisición y puesta en práctica de hábitos alimentarios saludables relacionados con la actividad física. Consolidación de hábitos de higiene corporal.
2.3. Mejora global de las cualidades físicas básicas de forma genérica. Mantenimiento de la flexibilidad y ejercitación globalizada de la fuerza, la velocidad y la resistencia aeróbica a través de las habilidades
motrices básicas.
2.4. Aceptación y actitud favorable hacia los beneficios de la actividad física en la salud.
2.5. Desarrollo de medidas de seguridad en la práctica de la actividad física. Calentamiento, dosificación del esfuerzo y relajación. Indagación de los efectos inmediatos del ejercicio sobre la frecuencia cardiaca.
2.6. El sedentarismo en la sociedad actual. Uso racional de las TIC en el tiempo libre.
2.7. Medidas básicas de seguridad en la práctica de la actividad física. Uso sostenible y responsable de materiales y espacios.
2.8. Protagonismo y participación activa en la preparación y uso de ropa y calzado adecuados para una correcta práctica.

Bloque 3: "La Expresión corporal: Expresión y creación artística motriz"

3.1. Indagación y experimentación de las posibilidades expresivas del cuerpo (la actitud, el tono muscular, la mímica, los gestos) y del movimiento (el espacio, el tiempo o la intensidad).
3.2. Expresión y representación desinhibida de emociones y sentimientos a través del cuerpo, el gesto y el movimiento.
3.3. Representación e imitación de personajes reales y ficticios. Escenificación de situaciones sencillas a partir del lenguaje corporal.
3.4. Investigación y uso de objetos y materiales y sus posibilidades en la expresión.
3.5. Expresión e interpretación de la música flamenca a través del cuerpo, adecuándolo a un compás y a un tempo externo.
3.6. Identificación a través de movimientos y los recursos expresivos del cuerpo de aquellos palos flamencos más representativos de Andalucía: fandango de Huelva, sevillanas, soleá, tientos, alegrías, tangos y
bulerías.
3.7. Ejecución de bailes y coreografías simples combinándolos con habilidades motrices básicas. Práctica de bailes y danzas populares y autóctonos de la Comunidad Andaluza.
3.8. Valoración y respeto de las diferencias en el modo de expresarse a través del cuerpo y del movimiento de cada uno. Participación disfrute y colaboración activa en cada una de ellas.

Bloque 4: "El juego y deporte escolar"

4.1. Aplicación de las habilidades básicas en situaciones de juego. Iniciación a la práctica de actividades deportivas a través del juego predeportivo y del deporte adaptado.
4.2. Práctica de juegos cooperativos, populares y tradicionales, pertenecientes a la Comunidad de Andalucía.
4.3. Experimentación, indagación y aplicación de las habilidades básicas de manejo de balones y móviles, con o sin implemento, en situaciones de juego.
4.4. Aprendizaje y utilización de estrategias básicas en situaciones de cooperación, de oposición y de cooperación-oposición, en la práctica de juegos y deportes.
4.5. Práctica de juegos y actividades físicas en un entorno tanto habitual como no habitual y en el medio natural. (Colegios, calles, plazas, campo.)
4.6. Sensibilización y respeto por el medio ambiente a partir de los juegos y deportes por su cuidado y mantenimiento sostenible.
4.7. Propuestas lúdicas de recorridos de orientación, pistas y rastreo.
4.8. Respeto hacia las personas que participan en el juego y cumplimiento de un código de juego limpio. Compresión, aceptación, cumplimiento y valoración de las reglas y normas de juego.
4.9. Interés y apoyo del juego como medio de disfrute, de relación y de empleo del tiempo libre.
4.10. Valoración del esfuerzo personal en la práctica de los juegos y actividades. Interés por la superación constructiva de retos con implicación cognitiva y motriz.
4.11. Disposición favorable a participar en actividades motrices diversas, reconociendo y aceptando las diferencias individuales en el nivel de habilidad y respetando los roles y estrategias establecidas por el grupo.

Tercer Ciclo

Bloque 1: "El cuerpo y sus habilidades perceptivo motrices"

1.1. Exploración de los elementos orgánico-funcionales implicados en las situaciones motrices habituales.
1.2. Conocimiento y puesta en marcha de técnicas de relajación para toma de conciencia y control del cuerpo en reposo y en movimiento.
1.3. Adaptación del control tónico y de la respiración al control motor para adecuación de la postura a las necesidades expresivas y motrices de forma equilibrada.
1.4. Ubicación y orientación en el espacio tomando puntos de referencia. Lectura e interpretación de planos sencillos.
1.5. Discriminación selectiva de estímulos y de la anticipación perceptiva que determinan la ejecución de la acción motora.
1.6. Ejecución de movimientos sin demasiada dificultad con los segmentos corporales no dominantes.
1.7. Equilibrio estático y dinámico en situaciones con cierta complejidad.
1.8. Estructuración espacio-temporal en acciones y situaciones motrices complejas que impliquen variaciones de velocidad, trayectoria, evoluciones grupales.
1.9. Valoración y aceptación de la propia realidad corporal y la de los demás mostrando autonomía personal y autoestima y confianza en sí mismo y en los demás.
1.10. Adaptación y resolución de la ejecución de las habilidades motrices a resolución de problemas motores de cierta complejidad, utilizando las habilidades motrices básicas eficazmente.
1.11. Valoración del trabajo bien ejecutado desde el punto de vista motor en la actividad física.

Bloque 2: "La Educación Física como favorecedora de salud"

2.1. Consolidación de hábitos posturales y alimentarios saludables y autonomía en la higiene corporal.
2.2. Valoración de los efectos de la actividad física en la salud y el bienestar. Reconocimiento de los efectos beneficiosos de la actividad física en la salud y el bienestar e identificación de las prácticas poco
saludables.
2.3. Indagación y experimentación del acondicionamiento físico orientado a la mejora de la ejecución de las habilidades motrices. Mantenimiento de la flexibilidad, desarrollo de la resistencia y ejercitación
globalizada de la fuerza y la velocidad.
2.4. Sensibilización con la prevención de lesiones en la actividad física. Conocimiento y puesta en práctica de distintos tipos de calentamiento, funciones y características.
2.5. Valoración del calentamiento, dosificación del esfuerzo y recuperación necesarios para prevenir lesiones. Aprecio de la "Vuelta a la calma", funciones y sus características.
2.6. Conocimiento de los sistemas y aparatos del cuerpo humano que intervienen en la práctica de la actividad física.
2.7. Identificación y aplicación de medidas básicas de prevención y medidas de seguridad en la práctica de la actividad física. Uso correcto de materiales y espacios.
2.8. Aprecio de dietas sanas y equilibradas, con especial incidencia en la dieta mediterránea. Prevención de enfermedades relacionadas con la alimentación (obesidad, "vigorexia", anorexia y bulimia).
2.9. Valoración y aprecio de la actividad física para el mantenimiento y la mejora de la salud.
2.10. Desarrollo adecuado de las capacidades físicas orientadas a la salud.
2.11. Preparación autónoma de ropa y calzado adecuados para su uso en una práctica concreta.

Bloque 3: "La Expresión corporal: Expresión y creación artística motriz"

3.1. Exploración, desarrollo y participación activa en comunicación corporal valiéndonos de las posibilidades y recursos del lenguaje corporal.
3.2. Indagación en técnicas expresivas básicas como mímica, sombras o máscaras.
3.3. Composición de movimientos a partir de estímulos rítmicos y musicales. Coordinaciones de movimiento en pareja o grupales, en bailes y danzas sencillos.
3.4. Identificación y disfrute de la práctica de bailes populares autóctonos de gran riqueza en Andalucía, con especial atención al flamenco y los procedentes de otras culturas.
3.5. Experimentación y marcado, a través de movimientos y los recursos expresivos del cuerpo, de aquellos palos flamencos más representativos de Andalucía.
3.6. Comprensión, expresión y comunicación de mensajes, sentimientos y emociones a través del cuerpo, el gesto y el movimiento, con espontaneidad y creatividad, de manera individual o colectiva.
3.7. Disfrute y experimentación del lenguaje corporal a través de improvisaciones artísticas y con la ayuda de objetos y materiales.
3.8. Escenificación de situaciones reales o imaginarias que comporten la utilización de técnicas expresivas.
3.9. Valoración, aprecio y respeto ante los diferentes modos de expresarse, independientemente del nivel de habilidad mostrado.
3.10. Control emocional de las representaciones ante los demás.

Bloque 4: "El juego y deporte escolar":

4.1. Investigación, reconocimiento e identificación de diferentes juegos y deportes.
4.2. Aprecio del juego y el deporte como fenómenos sociales y culturales, fuente de disfrute, relación y empleo satisfactorio del tiempo de ocio.
4.3. Práctica de juegos y actividades pre-deportivas con o sin implemento.
4.4. Adaptación de la organización espacial en juegos colectivos, adecuando la posición propia, en función de las acciones de los compañeros, de los adversarios y, en su caso, del móvil.
4.5. Conocimiento y uso adecuado de las estrategias básicas de juego relacionadas con la cooperación, la oposición y la cooperación/oposición.
4.6. Puesta en práctica de juegos y actividades deportivas en entornos no habituales o en el entorno natural. Iniciación y exploración del deporte de orientación.
4.7. Respeto del medio ambiente y sensibilización por su cuidado y mantenimiento sostenible.
4.8. Aceptación y respeto hacia las normas, reglas, estrategias y personas que participan en el juego.
4.9. Aprecio del trabajo bien ejecutado desde el punto de vista motor y del esfuerzo personal en la actividad física.
4.10. Aceptación de formar parte del grupo que le corresponda, del papel a desempeñar en el grupo y del resultado de las competiciones con deportividad.
4.11. Contribución con el esfuerzo personal al plano colectivo en los diferentes tipos de juegos y actividades deportivas, al margen de preferencias y prejuicios.
4.12. Valoración del juego y las actividades deportivas. Participación activa en tareas motrices diversas, reconociendo y aceptando las diferencias individuales en el nivel de habilidad.
4.13. Experimentación de juegos populares, tradicionales de distintas culturas y autóctonos con incidencia en la riqueza lúdico-cultural de Andalucía.
4.14. Investigación y aprecio por la superación constructiva de retos con implicación cognitiva y motriz.

6.- Criterios de evaluación y estándares de aprendizaje. **(Criterio nº 5)**.

Debemos señalar los **criterios** de evaluación y/o **estándares** de aprendizaje con quien tiene más relación lo pedido por este supuesto (ver Tema 24). Debemos poner un ejemplo, si el tiempo nos cundiese para ello.

El R.D. 126/2014, de 28 de febrero, por el que se establece el currículo básico de la Educación Primaria, nos indica:

a) **Criterios de evaluación**: son el referente específico para evaluar el aprendizaje del alumnado. Describen aquello que se quiere valorar y que el alumnado debe lograr, tanto en conocimientos.

Para el área de Educación Física establece los siguientes **criterios de evaluación**:

1. Resolver situaciones motrices con diversidad de estímulos y condicionantes espacio-temporales, seleccionando y combinando las habilidades motrices básicas y adaptándolas a las condiciones establecidas de forma eficaz.
2. Utilizar los recursos expresivos del cuerpo y el movimiento, de forma estética y creativa, comunicando sensaciones, emociones e ideas.
3. Resolver retos tácticos elementales propios del juego y de actividades físicas, con o sin oposición, aplicando principios y reglas para resolver las situaciones motrices,

actuando de forma individual, coordinada y cooperativa y desempeñando las diferentes funciones implícitas en juegos y actividades.

4. Relacionar los conceptos específicos de educación física y los introducidos en otras áreas con la práctica de actividades físico deportivas y artístico expresivas.

5. Reconocer los efectos del ejercicio físico, la higiene, la alimentación y los hábitos posturales sobre la salud y el bienestar, manifestando una actitud responsable hacia uno mismo.

6. Mejorar el nivel de sus capacidades físicas, regulando y dosificando la intensidad y duración del esfuerzo, teniendo en cuenta sus posibilidades y su relación con la salud.

7. Valorar, aceptar y respetar la propia realidad corporal y la de los demás, mostrando una actitud reflexiva y crítica.

8. Conocer y valorar la diversidad de actividades físicas, lúdicas, deportivas y artísticas.

9. Opinar coherentemente con actitud crítica tanto desde la perspectiva de participante como de espectador, ante las posibles situaciones conflictivas surgidas, participando en debates, y aceptando las opiniones de los demás.

10. Manifestar respeto hacia el entorno y el medio natural en los juegos y actividades al aire libre, identificando y realizando acciones concretas dirigidas a su preservación.

11. Identificar e interiorizar la importancia de la prevención, la recuperación y las medidas de seguridad en la realización de la práctica de la actividad física.

12. Extraer y elaborar información relacionada con temas de interés en la etapa, y compartirla, utilizando fuentes de información determinadas y haciendo uso de las tecnologías de la información y la comunicación como recurso de apoyo al área.

13. Demostrar un comportamiento personal y social responsable, respetándose a sí mismo y a los otros en las actividades físicas y en los juegos, aceptando las normas y reglas establecidas y actuando con interés e iniciativa individual y trabajo en equipo

b) **Estándares de aprendizaje evaluables**: especificaciones de los criterios de evaluación que permiten definir los resultados de aprendizaje, y que concretan lo que el alumno debe saber, comprender y saber hacer en cada asignatura; deben ser observables, medibles y evaluables y permitir graduar el rendimiento o logro alcanzado. Su diseño debe contribuir y facilitar el diseño de pruebas estandarizadas y comparables.

Los **estándares de aprendizaje** que indica el R.D. 126/2014, son:

1.1. Adapta los desplazamientos a diferentes tipos de entornos y de actividades físico deportivas y artístico expresivas ajustando su realización a los parámetros espacio-temporales y manteniendo el equilibrio postural.

1.2. Adapta la habilidad motriz básica de salto a diferentes tipos de entornos y de actividades físico deportivas y artístico expresivas, ajustando su realización a los parámetros espacio-temporales y manteniendo el equilibrio postural.

1.3. Adapta las habilidades motrices básicas de manipulación de objetos (lanzamiento, recepción, golpeo, etc.) a diferentes tipos de entornos y de actividades físico deportivas y artístico expresivas aplicando correctamente los gestos y utilizando los segmentos dominantes y no dominantes.

1.4. Aplica las habilidades motrices de giro a diferentes tipos de entornos y de actividades físico deportivas y artístico expresivas teniendo en cuenta los tres ejes corporales y los dos sentidos, y ajustando su realización a los parámetros espacio temporales y manteniendo el equilibrio postural

1.5. Mantiene el equilibrio en diferentes posiciones y superficies.

1.6. Realiza actividades físicas y juegos en el medo natural o en entornos no habituales, adaptando las habilidades motrices a la diversidad e incertidumbre procedente del entorno y a sus posibilidades.

2.1. Representa personajes, situaciones, ideas, sentimientos utilizando los recursos expresivos del cuerpo individualmente, en parejas o en grupos.
2.2. Representa o expresa movimientos a partir de estímulos rítmicos o musicales, individualmente, en parejas o grupos.
2.3. Conoce y lleva a cabo bailes y danzas sencillas representativas de distintas culturas y distintas épocas, siguiendo una coreografía establecida.
2.4. Construye composiciones grupales en interacción con los compañeros y compañeras utilizando los recursos expresivos del cuerpo y partiendo de estímulos musicales, plásticos o verbales.
3.1. Utiliza los recursos adecuados para resolver situaciones básicas de táctica individual y colectiva en diferentes situaciones motrices.
3.2. Realiza combinaciones de habilidades motrices básicas ajustándose a un objetivo y a unos parámetros espacio-temporales.
4.1. Identifica la capacidad física básica implicada de forma más significativa en los ejercicios.
4.2. Reconoce la importancia del desarrollo de las capacidades físicas para la mejora de las habilidades motrices.
4.3. Distingue en juegos y deportes individuales y colectivos estrategias de cooperación y de oposición.
4.4. Comprende la explicación y describe los ejercicios realizados, usando los términos y conocimientos que sobre el aparato locomotor se desarrollan en el área de ciencias de la naturaleza.
5.1. Tiene interés por mejorar las capacidades físicas.
5.2. Relaciona los principales hábitos de alimentación con la actividad física (horarios de comidas, calidad/cantidad de los alimentos ingeridos, etc.).
5.3. Identifica los efectos beneficiosos del ejercicio físico para la salud.
5.4. Describe los efectos negativos del sedentarismo, de una dieta desequilibrada y del consumo de alcohol, tabaco y otras sustancias.
5.5. Realiza los calentamientos valorando su función preventiva.
6.1. Muestra una mejora global con respecto a su nivel de partida de las capacidades físicas orientadas a la salud.
6.2. Identifica su frecuencia cardiaca y respiratoria, en distintas intensidades de esfuerzo.
6.3. Adapta la intensidad de su esfuerzo al tiempo de duración de la actividad.
6.4. Identifica su nivel comparando los resultados obtenidos en pruebas de valoración de las capacidades físicas y coordinativas con los valores correspondientes a su edad.
7.1. Respeta la diversidad de realidades corporales y de niveles de competencia motriz entre los niños y niñas de la clase.
7.2. Toma de conciencia de las exigencias y valoración del esfuerzo que comportan los aprendizajes de nuevas habilidades.
8.1. Expone las diferencias, características y/o relaciones entre juegos populares, deportes colectivos, deportes individuales y actividades en la naturaleza.
8.2. Reconoce la riqueza cultural, la historia y el origen de los juegos y el deporte.
9.1. Adopta una actitud crítica ante las modas y la imagen corporal de los modelos publicitarios.
9.2. Explica a sus compañeros las características de un juego practicado en clase y su desarrollo.
9.3. Muestra buena disposición para solucionar los conflictos de manera razonable.
9.4. Reconoce y califica negativamente las conductas inapropiadas que se producen en la práctica o en los espectáculos deportivos.
10.1. Se hace responsable de la eliminación de los residuos que se genera en las actividades en el medio natural.
10.2. Utiliza los espacios naturales respetando la flora y la fauna del lugar.
11.1. Explica y reconoce las lesiones y enfermedades deportivas más comunes, así como las acciones preventivas y los primeros auxilios.

12.1. Utiliza las nuevas tecnologías para localizar y extraer la información que se le solicita.
12.2. Presenta sus trabajos atendiendo a las pautas proporcionadas, con orden, estructura y limpieza y utilizando programas de presentación.
12.3. Expone sus ideas de forma coherente y se expresa de forma correcta en diferentes situaciones y respeta las opiniones de los demás.
13.1. Tiene interés por mejorar la competencia motriz.
13.2. Demuestra autonomía y confianza en diferentes situaciones, resolviendo problemas motores con espontaneidad, creatividad.
13.3. Incorpora en sus rutinas el cuidado e higiene del cuerpo.
13.4. Participa en la recogida y organización de material utilizado en las clases.
13.5. Acepta formar parte del grupo que le corresponda y el resultado de las competiciones con deportividad.

1.3. Referencias conceptuales (Criterio nº 4).

¿Qué **conceptos** aparecen en el relato del caso práctico escogido? Normalmente están ligados a uno o varios **temas** del temario oficial. Podemos escribir a modo de ejemplo: "Centrándonos en los diversos conceptos que aparecen en el título del caso práctico, distinguimos":

1. Programación didáctica. La entendemos como _____ (Autor, año)
2.- Las CC. Clave podemos definirlas como _____ (Autor, año)
3.- La atención a la diversidad. Se trata de _____ (Autor, año)
4.- Consideramos que la habilidad motriz es _____ (Autor, año)
5.- Etc.

PROPUESTA DIDÁCTICA Y ORGANIZATIVA. ESTRATEGIAS DE RESOLUCIÓN (Criterio nº 7).

Podemos comenzar centrándonos en algunos ejemplos de las **características psico biológicas** de las edades propias del curso o ciclo donde vayamos a concretar la respuesta del supuesto, al menos que el título del mismo nos especifique que es para un determinado nivel. Normalmente la Convocatoria nos lo puntualiza.

Por ejemplo, las edades de 4º curso son las más críticas para el desarrollo de , dadas sus características psico biológicas tales como _____, _____ y _____. **(Criterio nº 6).**

A partir de aquí comenzamos a **concretar** nuestras **soluciones (Criterio nº 1)**:

Basándonos en XXX (2015), proponemos las siguientes orientaciones metodológicas:
1. _____. Por ejemplo, _____.
2. _____. Por ejemplo, _____.
3. _____. Por ejemplo, _____.

Las actividades para lograr el objetivo pedido que proponemos, son:
1. _____. Por ejemplo, _____.
2. _____. Por ejemplo, _____.

Las adaptaciones curriculares no significativas para tratar a la niña que padece una discapacidad de _____, según indica el enunciado del caso son:
1. _____. Por ejemplo, _____.
2. _____. Por ejemplo, _____.

Los autores de esta obra somos partidarios de **incluir gráficos** si con ello aumentamos la calidad de nuestra respuesta. Ahora bien, ¿la Convocatoria o el tribunal lo **permiten**? No olvidemos que un gráfico, tabla, dibujo, croquis, etc. aclaran, complementan y/o resumen nuestros argumentos. Consideramos que "**oxigena**" el texto y, sobre todo, produce un "**descanso**" en la vista de la persona correctora. Por ejemplo, una ficha de un juego, una tabla con una U. D. o sesión, etc. Eso sí, nos llevará **más tiempo**.

NOTA:

Dada la insistencia que hace la legislación acerca de que en todas las áreas debemos prever y realizar actividades relacionadas con la **lectura, escritura, expresión oral y uso de las TIC**, llevando a cabo preferiblemente una metodología de índole **exploratoria, individualizada y cooperativa**, debemos mencionar todo ello, complementándolo con algún/os **ejemplo/s**.

CONCLUSIONES (Criterio nº 2):

Deben ser muy breves y siempre relacionado con lo que hemos tratado, pero procurando no repetirlo con los mismos términos. Si en la Introducción pusimos "vamos a hacer...", ahora indicamos "hemos hecho..."

Proponemos este texto como **ejemplo de modelo** a seguir:

"Hemos tratado sobre cómo _____. Para ello nos hemos referido a diversos elementos legislativos, como la _____ y _____ los componentes curriculares, destacando a _____ y _____.

Hemos establecido como estrategias de resolución una serie de pautas relacionadas con _____, así como unas actividades prácticas basadas en _____.

BIBLIOGRAFÍA:

Debemos organizarla por orden **alfabético** teniendo como referencia el primer apellido del autor/es que aparezca/n.

- CAÑIZARES, J. Mª y CARBONERO, C. (2009). *Currículum de Educación Física en Primaria para Andalucía. Aclaraciones terminológicas*. Wanceulen. Sevilla.
- CAÑIZARES, J. Mª y CARBONERO, C. (2007). *Temario de oposiciones de Educación Física para Primaria*. Wanceulen. Sevilla.
- CONTRERAS, O. y CUEVAS, R. (2011). *Las Competencias Básicas desde la Educación Física*. INDE. Barcelona.
- MÉNDEZ, A. y MÉNDEZ, C. (2007). *Los juegos en el Currículum de Educación Física*. Paidotribo. Barcelona.
- MIRAFLORES, E.; IBÁÑEZ, N. (2015). *Juegos populares y tradicionales para Educación Infantil*. CCS Editorial. Madrid.
- RIGAL, R. (2006). *Educación motriz y educación psicomotriz en Preescolar y Primaria*. INDE. Barcelona.
- SÁENZ-LÓPEZ P. (2002). *La Educación Física y su Didáctica*. Wanceulen. Sevilla.
- SASSANO, M. (2015). *El cuerpo como origen del tiempo y del espacio. Enfoques desde la Psicomotricidad*. Miño y Dávila editores. Buenos Aires.
- SÁNCHEZ GARRIDO, D. y CÓRDOBA, E. (2010). *Manual docente para la autoformación en competencias básicas*. C.E.J.A. Málaga.

- ZAGALAZ, Mª L.; CACHÓN, J.; LARA, A. (2014). *Fundamentos de la programación de Educación Física en Primaria.* Síntesis. Madrid.

LEGISLACIÓN:

Es **indistinto** priorizar el orden por tener **origen** nacional o en la comunidad autónoma. Pero debemos observar primero el rango de la publicación y después el **año**.

- JUNTA DE ANDALUCÍA (2007). *Ley 17/2007, de 10 de diciembre, de Educación en Andalucía.* (L. E. A.) B.O.J.A. nº 252, de 26/12/2007.

- JUNTA DE ANDALUCÍA (2010). *Decreto 328/2010, por el que se aprueba el Reglamento Orgánico de las escuelas infantiles de segundo grado, de los colegios de educación infantil y primaria, de los colegios de educación primaria, y de los centros públicos específicos de educación especial.* BOJA nº 139, de 16/07/2010.

- JUNTA DE ANDALUCÍA (2015). *Decreto 97/2015, de 3 de marzo, por el que se establece la ordenación y el currículo de la educación Primaria en la comunidad Autónoma de Andalucía.* BOJA nº 50 de 13/013/2015.

- JUNTA DE ANDALUCÍA (2015). *Orden de 17 de marzo de 2015, por la que se desarrolla el currículo correspondiente a la educación Primaria en Andalucía.* BOJA nº 60 de 27/03/2015.

- JUNTA DE ANDALUCÍA (2015). *Orden de 04 de noviembre de 2015, por la que se establece la ordenación de la evaluación del proceso de aprendizaje del alumnado de educación primaria en la Comunidad Autónoma de Andalucía.* B.O.J.A. nº 230, de 26/11/2015.

- M. E. C. (2006). *Ley Orgánica de Educación (L.O.E.) 2/2006, de 3 de mayo, de Educación.* B. O. E. nº 106, de 04/05/2006, modificada en determinados artículos por la LOMCE/2013.

- M. E. C. (2013). *Ley Orgánica 8/2013, de 9 de diciembre, para la mejora de la calidad educativa.* (LOMCE). B. O. E. nº 295, de 10/12/2013.

- M. E. C. (2014). *Real Decreto 126/2014, de 28 de febrero, por el que se establece el currículo básico de la Educación Primaria.* B. O. E. nº 52, de 01/03/2014.

- M.E.C. (2015). *Orden ECD/65/2015, de 21 de enero, por la que se describen las relaciones entre las competencias, los contenidos y los criterios de evaluación de la educación primaria, la educación secundaria obligatoria y el bachillerato.* B.O.E. nº 25, de 29/01/2015.

WEBGRAFÍA:

www.juntadeandalucia.es/educacion/descargasrecursos/curriculo-primaria/index.html
http://recursos.cnice.mec.es/edfisica/
http://www.ite.educacion.es/es/recursos
http://www.adideandalucia.es

4.- RESUMEN DEL GUIÓN PARA LA RESOLUCIÓN DE LOS SUPUESTOS PRÁCTICOS.

Todo lo visto hasta ahora lo **resumimos** escuetamente para una mejor **comprensión** de quienes nos leen:

Debemos seguir un Índice, compuesto de:

ÍNDICE.
- Introducción
1 Marcos referenciales
    1.1. R. legislativas
    1.2. R. curriculares
    1.3. R. conceptuales
2 Resolución del problema planteado
- Conclusiones
- Bibliografía
- Legislación
- Webgrafía

En cada **apartado** debemos **citar** a:

Introducción.

El enunciado del caso práctico escogido nos indica que...

Se trata, pues, de organizar/establecer/realizar/programar/secuenciar... unas estrategias/actitudes/objetivos/estándares de aprendizaje/juegos...

Para ello indicaremos... basándonos en los autores... y en la legislación...

1.- Marcos referenciales.

A) La trama del caso está relacionada con los siguientes elementos legislativos:

- L.O.E./2006, modificada por la LOMCE/2013, ya que...
- Real Decreto 126/2014, porque...
- Orden ECD/65/2015, de 21 de enero, ya que...
- L. E. A./2007 porque...
- Decreto 328/2010, dado que...
- Decreto 97/2015, debido a que...
- Orden de 17 de marzo de 2015, motivado porque...
- Orden de 04 de noviembre de 2015, entre otras cosas porque...

B) Los elementos curriculares implicados en el caso, son:

- CC. CLAVE: Con la 5ª porque...
- OB. ETAPA: Con el k, ya que...
- OB. ÁREA: Con el 4, dado que...
- BQ. CONTENIDO: Con el nº 1 tal y como...
- CR. EVALUACIÓN: Con el nº 2 porque...
- EST. APRENDIZAJE: con el nº 2.2 debido a que...

C) Las referencias conceptuales a destacar, son:

Primera. XXXXX, que significa _____, según el autor XXXX (2015)
Segunda. YYYYY, que quiere decir _____, siguiendo a YYYYY (2016)

2.- Resolución.

El caso está ubicado en 4º curso. Las características psico biológicas más importantes de estas edades, siguiendo a XXXX (2013), son: _____; _____; _____; .

Abordamos la resolución del caso elegido a través de:

- Estrategias metodológicas: _____. Ejemplo _____
- Pautas de actuación: _____. Ejemplo _____
- Adaptaciones: _____. Ejemplo _____
- Actividades: _____. Ejemplo _____

En cualquier caso, tendremos en cuenta proponer actividades para la mejora de:

- Lectura: por ejemplo _____.
- Escritura: por ejemplo _____.
- Expresión oral: por ejemplo _____.
- Planteamos actividades bajo una metodología cooperativa y creadora: _____ .
- Uso de las TIC/TAC: por ejemplo _____.
- Adaptaciones concretas: por ejemplo _____.

Conclusiones

Hemos contestado a _____, proponiendo _____ y, basándonos en autores tales como _____ y _____ en la legislación actual, como _____.
Dada la importancia que tiene la lectura, escritura, expresión oral y uso de los medios multimedia, hemos aplicado _____ y _____.

Bibliografía.

Legislación.

Webgrafía.

5.- TEXTOS ESTÁNDARES DE APOYO.

> **RELACIÓN DE TEXTOS ESTÁNDARES PARA HACER REFERENCIA A LA LEGISLACIÓN EN FUNCIÓN DEL ENUNCIADO DEL CASO PRÁCTICO:**

MOTRICIDAD EN GENERAL

El área de Educación Física tiene la responsabilidad de formar al alumnado para que tenga un ocio responsable y constructivo y para mejorar su calidad de vida. Existe una gran interdependencia entre el desarrollo motor, cognitivo, afectivo y social.

Educación Física tiene en el cuerpo y en la motricidad humana los elementos esenciales de su acción educativa. Se orienta al desarrollo de las capacidades vinculadas a la actividad motriz y a la adquisición de elementos de cultura corporal que contribuyen al desarrollo personal y a una mejor calidad de vida.

La enseñanza de la Educación física en estas edades debe fomentar especialmente la adquisición de capacidades que permitan reflexionar sobre el sentido y los efectos de la actividad física y, a la vez, asumir actitudes y valores adecuados con referencia a la gestión del cuerpo y de la conducta motriz.

El área se orienta a crear hábitos de práctica saludable, regular y continuada a lo largo de la vida, así como a sentirse bien con el propio cuerpo, lo que constituye una valiosa ayuda en la mejora de la autoestima. Por otra parte, la inclusión de la vertiente lúdica y de experimentación de nuevas posibilidades motrices puede contribuir a establecer las bases de una adecuada educación para el ocio.

Las relaciones interpersonales que se generan alrededor de la actividad física permiten incidir en la asunción de valores como el respeto, la aceptación o la cooperación, transferibles al quehacer cotidiano, con la voluntad de encaminar al alumnado a establecer relaciones constructivas con las demás personas en situaciones de igualdad. De la misma manera, las posibilidades expresivas del cuerpo y de la actividad motriz potencian la creatividad y el uso de lenguajes corporales para transmitir sentimientos y emociones que humanizan el contacto personal.

La educación corporal incluye a lo perceptivo-motor, expresión, comunicación, afectividad y a los aspectos cognitivos.

Significar la progresión en la construcción de la habilidad motriz desde las perceptivas a las específicas o deportivas, pasando por las básicas.

La estructuración de los contenidos refleja cada uno de los ejes que dan sentido a la Educación física en la enseñanza primaria: el desarrollo de las capacidades cognitivas, físicas, emocionales y relacionales vinculadas a la motricidad; la adquisición de formas sociales y culturales de la motricidad; y la educación en valores y la educación para la salud (LOE/2006, modificada por la LOMCE/2013).

Conocimiento corporal vivenciado, así como sus posibilidades lúdicas, expresivas y de comunicación.

"La Educación Física tiene como finalidad principal desarrollar en las personas su competencia motriz, entendida como la integración de los conocimientos, los procedimientos, las actitudes y los sentimientos vinculados a la conducta motriz

fundamentalmente. Con una buena capacidad de movimiento, el alumnado logrará controlar y dar sentido a las propias acciones motrices, comprender los aspectos perceptivos, emotivos y cognitivos relacionados con dichas acciones y gestionar los sentimientos vinculados a las mismas, además de integrar conocimientos y habilidades transversales, como el trabajo en equipo, el juego limpio y el respeto a las normas, entre otras" (R.D. 126/2014).

"La competencia motriz evoluciona a lo largo de la vida de las personas y desarrolla la inteligencia para saber qué hacer, cómo hacerlo, cuándo y con quién en función de los condicionantes del entorno. Entre los procesos implícitos en la conducta motriz hay que destacar el percibir, interpretar, analizar, decidir, ejecutar y evaluar los actos motores. Entre los conocimientos más destacables que se combinan con dichos procedimientos están, además de los correspondientes a las diferentes actividades físicas, los relacionados con la corporeidad, con el movimiento, con la salud, con los sistemas de mejora de las capacidades motrices y con los usos sociales de la actividad física, entre otros. Y entre las actitudes se encuentran las derivadas de la valoración y el sentimiento acerca de sus propias limitaciones y posibilidades, el disfrute de la práctica y la relación con los demás" (R.D. 126/2014).

SALUD

En cualquier caso, no debemos olvidar lo expresado por la LOMCE/2013, en su disposición adicional cuarta sobre "*promoción de la actividad física y dieta equilibrada.* "Las administraciones educativas adoptarán medidas para que la actividad física y la dieta equilibrada formen parte del comportamiento infantil y juvenil. A estos efectos, dichas Administraciones promoverán la práctica diaria de deporte y ejercicio físico por parte de los alumnos y alumnas durante la jornada escolar, en los términos y condiciones que, siguiendo las recomendaciones de los organismos competentes, garanticen un desarrollo adecuado para favorecer una vida activa, saludable y autónoma. El diseño, coordinación y supervisión de las medidas que a estos efectos se adopten en el centro educativo, serán asumidos por el profesorado con cualificación o especialización adecuada en estos ámbitos".

El área de Educación física se muestra sensible a los acelerados cambios que experimenta la sociedad y pretende dar respuesta, a través de sus intenciones educativas, a aquellas necesidades, individuales y colectivas, que conduzcan al bienestar personal y a promover una vida saludable, lejos de estereotipos y discriminaciones de cualquier tipo.

Conseguir hábitos saludables duraderos sobre alimentación, conservación del medio ambiente, relación de trabajo/descanso, higiene corporal, etc.

"La Educación Física está vinculada a la adquisición de competencias relacionadas con la salud través de acciones que ayuden a la adquisición de hábitos responsables de actividad física regular, y de la adopción de actitudes críticas ante prácticas sociales no saludables" (R.D. 126/2014).

JUEGO Y DEPORTE

El juego y el deporte como formas más habituales de entender la Educación Física, de ahí que debamos aprovecharlo en nuestra acción educativa.

De la gran variedad de formas culturales en las que ha derivado la motricidad, el deporte es una de las más aceptadas y difundidas en nuestro entorno social. Con ello, la complejidad del fenómeno deportivo exige en el currículo una selección de aquellos aspectos que motiven y contribuyan a la formación del alumnado, tanto desde la perspectiva del espectador como desde la de quienes los practican.

El valor que tiene el juego a la hora de relacionarse con los demás en un marco de participación e integración.

"La importancia de las relaciones interpersonales que se generan alrededor de la actividad física lúdica permiten incidir en la asunción de valores como el respeto, la aceptación, la cooperación..." (R. D. 126/2014).

CONTENIDOS

Ya lo hemos referido anteriormente, no obstante le damos ahora otra orientación complementaria para así aumentar la **personalización** por parte del opositor/a.

El **bloque 1**, "El cuerpo y sus habilidades perceptivo motrices" corresponde a los contenidos que permiten el desarrollo de las capacidades perceptivo-motrices. Está especialmente dirigido a adquirir un conocimiento y un control del propio cuerpo que resulta determinante tanto para el desarrollo de la propia imagen corporal como para la adquisición de posteriores aprendizajes motores. Las habilidades motrices reúne aquellos contenidos que permiten al alumnado moverse con eficacia. Se verán implicadas por tanto adquisiciones relativas al dominio y control motor. Destacan los contenidos que facilitan la toma de decisiones para la adaptación del movimiento a nuevas situaciones.

El **bloque 2**, "La Educación física como favorecedora de la salud", está constituido por aquellos conocimientos necesarios para que la actividad física resulte saludable. Además, se incorporan contenidos para la adquisición de hábitos de actividad física a lo largo de la vida, como fuente de bienestar. La inclusión de un bloque que reúne los contenidos relativos a la salud corporal desde la perspectiva de la actividad física pretende enfatizar la necesaria adquisición de unos aprendizajes que obviamente se incluyen transversalmente en todos los bloques.

En el **bloque 3**, "La Expresión corporal: expresión y creación artística". Actividades físicas artístico-expresivas se hallan incorporados los contenidos dirigidos a fomentar la expresividad a través del cuerpo y el movimiento. La comunicación a través del lenguaje corporal se ha tenido también en cuenta en este bloque.

El **bloque 4**, "El juego y el deporte escolar", presenta contenidos relativos al juego y a las actividades deportivas entendidos como manifestaciones culturales de la motricidad humana. Independientemente de que el juego pueda ser utilizado como estrategia metodológica, también se hace necesaria su consideración como contenido por su valor antropológico y cultural. Por otro lado, la importancia que, en este tipo de contenidos, adquieren los aspectos de relación interpersonal hace destacable aquí la propuesta de actitudes dirigidas hacia la solidaridad, la cooperación y el respeto a las demás personas.

Los diferentes bloques, cuya finalidad no es otra que la de estructurar los conocimientos de la Educación física seleccionados para esta etapa educativa, presentan de forma integrada conceptos, procedimientos y actitudes. Cabe destacar que establecer una prioridad de contenidos en Educación física requiere respetar la doble polarización entre contenidos procedimentales y actitudinales. Los primeros permitirán a niños y niñas sentirse competentes en el plano motor. Los segundos les permitirán afrontar, desde una perspectiva ética, las numerosas y complejas situaciones que envuelven la actividad física y deportiva, así como las relativas a la cultura corporal. Por otra parte, la adquisición de conceptos, aun estando supeditada a los anteriores tipos de contenidos, facilitará la comprensión de la realidad corporal y del entorno físico y social.

COMPETENCIAS CLAVE

Hoy día partimos de las competencias clave para el aprendizaje permanente, basado en la potenciación del aprendizaje por competencias, integradas en los elementos curriculares para propiciar una renovación en la práctica docente y en el proceso de enseñanza y aprendizaje. Se proponen nuevos enfoques en el aprendizaje y evaluación, que han de suponer un importante cambio en las tareas que han de resolver los alumnos y planteamientos metodológicos innovadores.

La competencia supone una combinación de habilidades prácticas, conocimientos, motivación, valores éticos, actitudes, emociones, y otros componentes sociales y de comportamiento que se movilizan conjuntamente para lograr una acción eficaz.

Se contemplan, pues, como conocimiento en la práctica, un conocimiento adquirido a través de la participación activa en prácticas sociales que, como tales, se pueden desarrollar tanto en el contexto educativo formal, a través del currículo, como en los contextos educativos no formales e informales.

Las competencias, por tanto, se conceptualizan como un «saber hacer» que se aplica a una diversidad de contextos académicos, sociales y profesionales. Para que la transferencia a distintos contextos sea posible resulta indispensable una comprensión del conocimiento presente en las competencias, y la vinculación de éste con las habilidades prácticas o destrezas que las integran.

El aprendizaje por competencias favorece los propios procesos de aprendizaje y la motivación por aprender, debido a la fuerte interrelación entre sus componentes: el concepto se aprende de forma conjunta al procedimiento de aprender dicho concepto (R.D. 126/2014).

No olvidemos que "*se potenciará el desarrollo de las competencias Comunicación lingüística, Competencia matemática y competencias en ciencia y tecnología*" (R.D. 126/2014).

COEDUCACIÓN

Atención a la diversidad sexual. Evitar la discriminación y la formación de estereotipos sexistas.

Las Administraciones educativas fomentarán el desarrollo de los valores que fomenten la igualdad efectiva entre hombres y mujeres y la prevención de la violencia de género, y de los valores inherentes al principio de igualdad de trato y no discriminación por cualquier condición o circunstancia personal o social.

Debemos trabajar en niñas y en niños actitudes positivas y capacidades para discernir diferentes maneras, favoreciendo los relativos a la cooperación, participación, ayuda y solidaridad. Hemos de fomentar en el alumnado análisis reflexivos en torno a las posibles situaciones que pueden producirse en la práctica de la educación física y la adopción de actitudes derivadas de las mismas, evitando aquellas consideradas agresivas y sexistas en actividades competitivas, y profundizando en la vivencia interiorización de los objetivos propuestos: mal reparto de roles; uso del lenguaje de forma no respetuosa; uso del currículo oculto; materiales curriculares con sesgo sexista, etc.

Desde una perspectiva coeducativa, el conocimiento del propio cuerpo ha de realizarse sin establecer una serie de categorías de subordinación de un sexo frente a otro ("sexo débil" o "sexo fuerte"). Más bien se trata de incidir en valores y posibilidades del propio cuerpo y en la cohesión de los miembros de un equipo, la cooperación entre todos sin distinción.

Desde la óptica de la coeducación, hemos de desarrollar la participación de niños y niñas en actividades grupales, estimulándoles a una distribución equitativa de sus funciones dentro del grupo, sin discriminaciones, a priori en función del sexo, y evitando las conductas estereotipadas en las tareas escolares (distribuir objetos, contribuir a la limpieza de la clase. etc.)

Debemos mejorar el comportamiento solidario de niños y niñas, rehusando discriminaciones basadas en diferencias de sexo, clase social, creencias, etnias u otras características personales y sociales.

Igualmente es muy relevante para el enfoque coeducativo estimular que niñas y niños, por igual, participen en la elaboración y asunción de las normas de convivencia cotidiana en el centro, valorando en ambos sexos aspectos tales como el respeto a los demás, cuidado de los recursos escolares, conductas de ayuda, etc.

EXPRESIÓN CORPORAL

Como indica la LOMCE/2013, la enseñanza de nuestra área tiene en el cuerpo y en la motricidad humana los elementos esenciales de su acción educativa. Se orienta al desarrollo de las capacidades vinculadas a la actividad motriz y a la adquisición de elementos de cultura corporal que contribuyen al desarrollo personal y a una mejor calidad de vida.

Las posibilidades expresivas del cuerpo y de la actividad motriz potencian la creatividad y el uso de lenguajes corporales para transmitir sentimientos y emociones que humanizan el contacto personal.

La expresión y comunicación corporal se configura como medio fundamental de relación de las personas desde sus primeros meses de vida, hasta la obtención de otras vías que les permitan la comunicación. No se trata de buscar la eficacia sino de ayudar a encontrar un cuerpo expresivo capaz de comunicar ideas, sentimientos, etc., en un espacio y tiempo tanto personal como colectivo.

Por su parte, el R.D. 126/2014, indica que uno de los elementos curriculares de la Educación Física pasa por la creación de *"cinco tipos de situaciones motrices"*. Una de ellas está muy relacionada con la expresión, como son la *"acciones motrices en situaciones de índole artística o de expresión. En estas situaciones las respuestas motrices requeridas son de carácter estético y comunicativo y pueden ser individuales o en grupo. El uso del espacio, las calidades del movimiento, así como los componentes rítmicos y la movilización de la imaginación y la creatividad en el uso de diferentes registros de expresión (corporal, oral, danzada, musical), son la base de estas acciones. Dentro de estas actividades tenemos los juegos cantados, la expresión corporal, las danzas, el juego dramático y el mimo, entre otros"*.

NECESIDADES EDUCATIVAS ESPECIALES

En esta etapa se pondrá especial énfasis en la atención a la diversidad del alumnado, en la atención individualizada, en la prevención de las dificultades de aprendizaje y en la puesta en práctica de mecanismos de refuerzo tan pronto como se detecten estas dificultades.

Las administraciones educativas, con el fin de facilitar la accesibilidad al currículo, establecerán los procedimientos oportunos cuando sea necesario realizar adaptaciones que se aparten significativamente de los contenidos y criterios de evaluación del currículo, a fin de atender al alumnado con necesidades educativas especiales que las precisen, a los que se refiere el artículo 73 de la Ley Orgánica 2/2006, de 3 de mayo, de Educación. Dichas adaptaciones se realizarán buscando el máximo desarrollo posible de las competencias básicas; la evaluación y la promoción tomarán como referente los objetivos y criterios de evaluación fijados en dichas adaptaciones.

Corresponde a las Administraciones educativas asegurar los recursos necesarios para que los alumnos y alumnas que requieran una atención educativa diferente a la ordinaria, por presentar necesidades educativas especiales, por dificultades específicas de aprendizaje, TDAH, por sus altas capacidades intelectuales, por haberse incorporado tarde al sistema educativo, o por condiciones personales o de historia escolar, puedan alcanzar el máximo desarrollo posible de sus capacidades personales y, en todo caso, los objetivos establecidos con carácter general para todo el alumnado.

Corresponde a las Administraciones educativas adoptar las medidas necesarias para identificar al alumnado con dificultades específicas de aprendizaje y valorar de forma temprana sus necesidades.

La escolarización del alumnado que presenta dificultades de aprendizaje se regirá por los principios de normalización e inclusión y asegurará su no discriminación y la igualdad efectiva en el acceso y permanencia en el sistema educativo.

La identificación, valoración e intervención de las necesidades educativas de este alumnado se realizará de la forma más temprana posible, en los términos que determinen las Administraciones educativas.

Las Administraciones educativas establecerán las condiciones de accesibilidad y recursos de apoyo que favorezcan el acceso al currículo del alumnado con necesidades educativas especiales y adaptarán los instrumentos, y en su caso, los tiempos y apoyos que aseguren una correcta evaluación de este alumnado.

De acuerdo con la Estrategia Europea sobre Discapacidad 2010-2020, aprobada en 2010 por la Comisión Europea, esta mejora en los niveles de educación debe dirigirse también a las personas con discapacidad, a quienes se les habrá de garantizar una educación y una formación inclusivas y de calidad en el marco de la iniciativa «Juventud en movimiento», planteada por la propia Estrategia Europea para un crecimiento inteligente.

A tal fin, se tomará como marco orientador y de referencia necesaria la Convención Internacional sobre los Derechos de las Personas con Discapacidad, adoptada por las Naciones Unidas en diciembre de 2006, vigente y plenamente aplicable en España desde mayo de 2008.

La equidad, que garantice la igualdad de oportunidades para el pleno desarrollo de la personalidad a través de la educación, la inclusión educativa, la igualdad de derechos y oportunidades que ayuden a superar cualquier discriminación y la accesibilidad universal a la educación, y que actúe como elemento compensador de las desigualdades personales, culturales, económicas y sociales, con especial atención a las que se deriven de cualquier tipo de discapacidad.

Las autoridades educativas establecerán las medidas más adecuadas para que las condiciones de realización de las evaluaciones individualizadas se adapten a las necesidades del alumnado con necesidades educativas especiales

Se establecerán las medidas más adecuadas para que las condiciones de realización de las evaluaciones se adapten a las necesidades del alumnado con necesidades educativas especiales.

El artículo 14 del R.D. 126/2014, indica sobre el alumnado con necesidades específicas de apoyo educativo, lo siguiente:

1. Será de aplicación lo indicado en el capítulo II del título I de la Ley 2/2006, de 3 de mayo, en los artículos 71 a 79 bis, al alumnado que requiera una atención educativa diferente a la ordinaria, por presentar necesidades educativas especiales, por dificultades específicas de aprendizaje, Trastorno por Déficit de Atención e Hiperactividad (TDAH), por sus altas capacidades intelectuales, por haberse incorporado tarde al sistema educativo, o por condiciones personales o de historia escolar, para que pueda alcanzar el máximo desarrollo posible de sus capacidades personales y, en todo caso, los objetivos establecidos con carácter general para todo el alumnado.

Para que el alumnado con necesidad específica de apoyo educativo al que se refiere el artículo 71 de la Ley Orgánica 2/2006, de 3 de mayo, pueda alcanzar el máximo desarrollo de sus capacidades personales y los objetivos y competencias de la etapa, se establecerán las medidas curriculares y organizativas oportunas que aseguren su adecuado progreso.

Se establecerán las medidas más adecuadas para que las condiciones de realización de las evaluaciones se adapten a las necesidades del alumnado con necesidades específicas de apoyo educativo.

2. Corresponde a las Administraciones educativas adoptar las medidas necesarias para identificar al alumnado con dificultades específicas de aprendizaje y valorar de forma temprana sus necesidades.

La escolarización del alumnado que presenta dificultades de aprendizaje se regirá por los principios de normalización e inclusión y asegurará su no discriminación y la igualdad efectiva en el acceso y permanencia en el sistema educativo.

La identificación, valoración e intervención de las necesidades educativas de este alumnado se realizará de la forma más temprana posible, en los términos que determinen las Administraciones educativas.

3. Las Administraciones educativas establecerán las condiciones de accesibilidad y recursos de apoyo que favorezcan el acceso al currículo del alumnado con necesidades educativas especiales y adaptarán los instrumentos, y en su caso, los tiempos y apoyos que aseguren una correcta evaluación de este alumnado.

Las Administraciones educativas, con el fin de facilitar la accesibilidad al currículo, establecerán los procedimientos oportunos cuando sea necesario realizar adaptaciones significativas de los elementos del currículo, a fin de atender al alumnado con necesidades educativas especiales que las precise. Dichas adaptaciones se realizarán buscando el máximo desarrollo posible de las competencias; la evaluación continua y la promoción tomarán como referente los elementos fijados en dichas adaptaciones.

Sin perjuicio de la permanencia durante un curso más en la etapa, prevista en el artículo 20.2 de la Ley Orgánica 2/2006, de 3 de mayo, la escolarización de este alumnado en la etapa de Educación Primaria en centros ordinarios podrá prolongarse un año más, siempre que ello favorezca su integración socioeducativa.

4. Corresponde a las Administraciones educativas adoptar las medidas necesarias para identificar al alumnado con altas capacidades intelectuales y valorar de forma temprana sus necesidades.

Asimismo, les corresponde adoptar planes de actuación, así como programas de enriquecimiento curricular adecuados a dichas necesidades, que permitan al alumnado desarrollar al máximo sus capacidades.

La escolarización del alumnado con altas capacidades intelectuales, identificado como tal según el procedimiento y en los términos que determinen las Administraciones educativas, se flexibilizará en los términos que determine la normativa vigente; dicha flexibilización podrá incluir tanto la impartición de contenidos y adquisición de competencias propios de cursos superiores como la ampliación de contenidos y competencias del curso corriente, así como otras medidas.

Se tendrá en consideración el ritmo y estilo de aprendizaje del alumnado que presenta altas capacidades intelectuales y del alumnado especialmente motivado por el aprendizaje.

5. La escolarización del alumnado que se incorpora de forma tardía al sistema educativo a los que se refiere el artículo 78 de la Ley Orgánica 2/2006, de 3 de mayo, se realizará atendiendo a sus circunstancias, conocimientos, edad e historial académico.

Quienes presenten un desfase en su nivel de competencia curricular de más de dos años podrán ser escolarizados en el curso inferior al que les correspondería por edad. Para este alumnado se adoptarán las medidas de refuerzo necesarias que faciliten su integración escolar y la recuperación de su desfase y le permitan continuar con aprovechamiento sus estudios. En el caso de superar dicho desfase, se incorporarán al curso correspondiente a su edad.

TEXTOS DE APOYO PARA LA RESOLUCIÓN DE LOS CASOS PRÁCTICOS CUANDO ÉSTOS ABORDEN PROBLEMAS RELACIONADOS CON LAS ADAPTACIONES PARA EL ALUMNADO CON ALGÚN TIPO DE DISCAPACIDAD

PATOLOGÍA	SITUACIÓN	ACTUACIÓN
ALUMNO CON DISCAPACIDAD AUDITIVA LEVE.	-Dificultades de atención. -Problemas para entender la tarea. -Lleva prótesis auditiva que facilita su actividad normal en clase. Informe médico aportado por la familia.	-Colocarse lo más cerca posible del alumno. -Realizar una entonación clara y apoyada en gestos explicativos de la acción a realizar.

ALUMNA CON BRONQUITIS ASMÁTICA PAUTAS GENERALES DE ACTUACIÓN

Evitaremos:
  o Ambientes fríos, secos, contaminados, con humo.
  o Contacto con una persona infectada con bronquitis.
  o Cualquier tipo de infección respiratoria, pitos o tos.
  o Actividad intensa o de mucha duración.
Realizaremos:
  o Tomar la medicación antes de la actividad.
  o Realizar un calentamiento prolongado y progresivo.
  o Realizar el ejercicio a intervalos (intensidad moderada)
  o Respirar despacio, por la nariz, para reducir la hiperventilación.
  o Realizar ejercicios que dilaten, movilicen el tórax.
La actividad física y el juego posee resultados beneficiosos, tales como:
  o Mejorar el desarrollo del niño /a.
  o Favorecer la integración en el grupo.
  o Incrementar la condición física y la propia tolerancia al ejercicio.
  o Reducir los ataques ocasionados por el esfuerzo.
  o Controlar mejor las crisis.
  o Disminuir el nerviosismo ocasionado por los ataques

PATOLOGÍA	CARACTERÍSTICAS	PAUTAS DE ACTUACIÓN
ALUMNO CON DISCAPACIDAD PSÍQUICA LEVE	- Es la presencia de un desarrollo mental incompleto o detenido, con deterioro de las funciones concretas de cada época del desarrollo y que contribuyen al nivel global de la inteligencia, tales como las funciones cognoscitivas, del lenguaje, motrices y la socialización. - Coeficiente Intelectual entre 50 y 70.	- Las informaciones serán concretas precisas, organizadas y simplificadas que lleguen por el mayor número de vías posibles. - Tareas simples. - Vocabulario adaptado. - Periodos cortos de aprendizaje. - Paciencia en el trabajo. - Potenciar la expresión corporal y la creatividad. - Animar y reconocer éxitos. - Trabajo orientado a la mejora de la autonomía.

PATOLOGÍA	PATRONES DE ACTUACIÓN
ALUMNO CON OBESIDAD	- Evitar saltos y trabajos continuados. - No hacer esfuerzos bruscos. - Insertar pausas recuperatorias. - Conocimiento de resultados de tipo afectivo y motivador. - Valorar los progresos. - Comunicación con la familia y médico. - Dar pautas alimenticias. - Animarlo para que acuda a escuelas deportivas vespertinas. - Favorecer el ejercicio aeróbico. - Controlar el peso en relación a la estatura.
ALUMNA CON CALZADO/PLANTILLAS ORTOPÉDICOS	- Evitar saltos continuados. - Eludir carreras mantenidas. - Vigilar la forma de los apoyos. - Comunicación con la familia y médico.

DISCAPACIDAD AUDITIVA

- Nos apoyaremos en los otros sentidos: visión y tacto sobre todo.
- Uso de señales y signos previamente pactados.
- Tendremos un discurso sencillo, claro, directo y corto.
- Lo apoyaremos con un lenguaje no verbal, gesticulando.
- Nos situaremos frente a frente para que puedan leernos los labios.
- Usaremos estímulos motivadores con variedad de tipos de recursos, colores, volúmenes, formas, etc.
- Variar las agrupaciones, todos ayudan y cooperan con él o ella.
- Volcarnos en mejorar el componente perceptivo.

DISCAPACIDAD VISUAL

- Nos apoyaremos en los otros sentidos: auditivo y kinestésico-táctil sobre todo.
- El mensaje oral deberá ser muy claro y concreto.
- Daremos mayor tiempo de percepción y ejecución de las tareas.
- Los móviles serán de colores vivos.
- Variar las agrupaciones, todos ayudan y cooperan con él o ella.
- Volcarnos en mejorar el componente perceptivo.
- Prever el uso del bastón en los desplazamientos.
- Buscar concienzudamente la mejor metodología en cada situación didáctica.

DISCAPACIDAD MOTÓRICA

- Existe mucha variedad. Depende de las circunstancias específicas para proceder de una manera u otra. De forma general, apuntamos:
- Adaptarles los recursos y que estos les resulten fáciles de manejar.
- Procurar una motricidad liviana y fácil. Tener en cuenta ayudas en el trabajo de habilidades que les resulten más complejas, así como el uso de prótesis específicas.
- Prever más pausas de recuperación porque su gasto cardiorrespiratorio es mayor.
- Daremos mayor tiempo en la ejecución de las tareas.
- Variar las agrupaciones, todos ayudan y cooperan con él o ella.
- Volcarnos en mejorar el componente de ejecución.

DISCAPACIDAD PSÍQUICA

- Nos apoyaremos en los todos sentidos, con mensajes escuetos y claros.
- Preveremos la posibilidad de que realice ensayos antes de la ejecución de "verdad".
- Daremos mayor tiempo durante todo el proceso de percepción, elaboración y ejecución de las tareas.
- A veces es preciso analizar las tareas, paso a paso, aunque estas sean muy sencillas.
- Los recursos que usemos serán muy fáciles de manipular y motivadores.

DISCAPACIDAD "TRASTORNOS GRAVES DE CONDUCTA"

- Usaremos una metodología participativa, cooperativa y lúdica para integrarlos prontamente en el grupo.
- Darles alguna responsabilidad nos resultará de gran ayuda.
- El juego suele dirigido ser una gran herramienta en la integración.
- La competición educativa en muchos casos es también muy beneficiosa.
- No olvidar una continua motivación.
- Estaremos atentos a cualquier situación conflictiva, incluyendo la posible presión de unos "grupos emergentes" hacia otros.
- Nos volcaremos hacia el desarrollo de las actitudes y las habilidades sociales.

ALUMNO CON HIPOACUSIA

Diagnóstico:	Hipoacusia post locutiva a consecuencia de un accidente de circulación. Tiene una pérdida auditiva de 45 decibelios en el oído izquierdo y 43 en el derecho. Posee audífono en ambos.
Tipo de dificultades	**Tipos de adaptaciones**
- Posible afectación: Sentido del equilibrio (saltos, giros). - Algunas actividades pueden producir mareos, nauseas y dolor de cabeza. - Posibilidad de no recibir alguna información. - Problemas en la comprensión del habla y vocabulario; orientación hacia estímulos sonoros.	- Explicaciones cortas y precisas, mirándole a la cara para que lea los labios. Utilizar lenguaje no verbal (gestos, mímica), modelos, croquis en la explicación de las actividades. - Asegurarse que ha entendido las realizaciones. Acompañamiento por el docente o compañero/a si es necesario. - Atención al trabajo elevado y con base inestable.

ALUMNO CON OBESIDAD

Diagnóstico:	Tiene una obesidad (tipo II, pre obesidad) asociada a hábitos de vida (alimentación irregular y sedentarismo). Tiene un peso de 52 Kg. y una altura de 1'32 m. Su I.M.C.= 29.84. Tiene seguimiento por parte de su pediatra y del médico del E.O.E.
Tipo de dificultades que nos podemos encontrar	**Tipos de adaptaciones a realizar**
- Cansancio excesivo en el trabajo dinámico continuado. - Posibilidad de molestias en tobillos, rodillas y cadera fruto de la exigencia a las articulaciones. - "Torpeza motriz" a la hora de deambular por el espacio. - Mayor enrojecimiento facial y sudoración que el resto.	- Toma de frecuencia cardiaca cuando se sienta muy cansado y pausas. - Es recomendable aumentar el número de sesiones de ejercicio físico, desarrollando la resistencia aeróbica, para favorecer la disminución del peso y el volumen corporal. - Evitar esfuerzos violentos, reduciendo el impacto en las articulaciones. - Las actividades a limitar serán los juegos dinámicos continuos y los saltos, porque pueden producir lesiones en pies y rodillas. El calzado debe ser de calidad para que absorba los impactos. - Cuidar la hidratación, desayunos y llevar un seguimiento con su familia.

PATOLOGÍA	¿QUÉ LE PASA?	¿CÓMO ACTUAR?
ALUMNO CON ASMA	- Apariencia ansiosa. - Ventana de la nariz dilatada. - Vómitos. - Cansancio físico no relacionado con la actividad motriz. - Tos sin motivo aparente. - Sudor y palidez. - Frecuencia respiratoria acelerada. - Postura encorvada. - Respiración irregular forzada.	**Actuaciones preventivas**: - Ejercicio físico en ambiente húmedo y templado, con duración de menos de cinco minutos. - Respirar despacio, por la nariz, para reducir posible hiperventilación. - Relajación para control respiratorio. **Actuaciones específicas**: - Relajarlo y tranquilizarlo. - Acompañarlo a un sitio ventilado. - Que realice respiración controlada y ejercicios de relajación. - Si tiene medicación, que la tome.

ALUMNADO CON DIABETES
• Control en todo momento. Contacto familiar para saber de su evolución
• Seguir consejos médicos.
• Disponer de inmediato de zumo, pastilla de glucosa, caramelo, etc.
• Posibilidad de contactar rápidamente con la familia y/o médico
• La familia debe saber horarios de la clase, así como de los recreos si suele jugar dinámicamente
• Ante la previsión de actividades fuera de lo común, avisar previamente a la familia

METODOLOGÍA

El R.D. 126/2014, define a la metodología didáctica como el conjunto de estrategias, procedimientos y acciones organizadas y planificadas por el profesorado, de manera consciente y reflexiva, con la finalidad de posibilitar el aprendizaje del alumnado y el logro de los objetivos planteados.

El anexo II de la O. ECD/65/2015, de 21 de enero, indica que las **metodologías** seleccionadas deben **asegurar** el desarrollo de las **competencias clave** a lo largo de la vida académica:

- Todo **proceso** de enseñanza-aprendizaje debe partir de una **planificación** rigurosa de lo que se pretende conseguir, teniendo claro cuáles son los objetivos, qué **recursos** son necesarios, qué **métodos didácticos** son los más adecuados y cómo se **evalúa** el aprendizaje y se **retroalimenta** el proceso.
- Los métodos didácticos han de elegirse en función de lo **que se sabe** que es óptimo para alcanzar las metas propuestas y según los **condicionantes** en los que tiene lugar la **enseñanza**.
- Las **características** de nuestra materia, el **contexto** sociocultural, los **recursos** que se deben **adaptar** al ritmo individual y las **tipologías** del alumnado, **condicionan** el proceso. El método se debe **ajustar** a estas **circunstancias** con el fin de propiciar un **aprendizaje competencial** en el alumnado.
- Los métodos deben partir de la perspectiva del **docente** como **orientador**, **promotor** y **facilitador** del desarrollo competencial en el alumnado, a través de **situaciones-problema**. Tendrán en cuenta la atención a la **diversidad** y el respeto por prácticas de **trabajo individual y cooperativo**.
- Las metodologías seleccionadas deben **ajustarse** al **nivel** competencial **inicial** de éstos, partiendo de aprendizajes simples para avanzar gradualmente hacia otros más complejos.

- El papel del **alumno** debe ser **activo** y **autónomo**, consciente de ser el **responsable** de su aprendizaje.
- Los métodos deberán favorecer la **motivación** por aprender en alumnos y alumnas y que sean capaces de **usar lo aprendido** en distintos contextos dentro y fuera del aula.
- Debemos optar por metodologías **activas** y **contextualizadas**, que faciliten la **participación** e implicación del alumnado y la adquisición y uso de conocimientos en situaciones reales, serán las que generen aprendizajes más **transferibles** y duraderos.
- Las metodologías activas han de apoyarse en estructuras de aprendizaje **cooperativo**, de forma que, a través de la resolución conjunta de las tareas, los miembros del grupo conozcan las estrategias utilizadas por sus compañeros y puedan aplicarlas a situaciones similares.
- Las estrategias **interactivas** son las más adecuadas, al permitir compartir y construir el conocimiento y dinamizar la sesión de clase mediante el intercambio verbal y colectivo de ideas. Las metodologías que contextualizan el aprendizaje y permiten el **aprendizaje por proyectos**, los **centros de interés**, el estudio de casos o el **aprendizaje** basado en **problemas** favorecen la participación activa, la experimentación y un aprendizaje funcional que va a facilitar el desarrollo de las competencias, así como la motivación de los alumnos y alumnas al contribuir decisivamente a la transferibilidad de los aprendizajes.
- El **trabajo por proyectos**, especialmente relevante para el aprendizaje por competencias, se basa en la propuesta de un plan de acción con el que se busca conseguir un determinado resultado práctico. Se favorece un aprendizaje orientado el trabajo en el que se integran varias aéreas o materias: los estudiantes ponen en juego un conjunto amplio de conocimientos, habilidades o destrezas y actitudes personales, es decir, los elementos que integran las distintas competencias. Por ejemplo, recopilar juegos populares de la zona preguntando a mayores.
- El uso del **portfolio** aporta información sobre el aprendizaje, refuerza la evaluación continua y mejora el pensamiento crítico y reflexivo en el alumnado.

La O. de 17/03/2015 sobre el desarrollo del currículo en Andalucía, añade además que las **TIC** formarán parte del uso habitual como instrumento facilitador del currículo. También que la **lectura** constituye un factor fundamental para el desarrollo de las competencias clave, por lo que todas las áreas deben incluir su práctica. En parecidos términos se pronuncia el art. 8 del D. 97/2015, por el que se establece la ordenación y el currículo en Andalucía.

El D. 328/2010, de 13 de julio, por el que se aprueba el Reglamento Orgánico de las escuelas infantiles de segundo grado, de los colegios de educación primaria, de los colegios de educación infantil y primaria, y de los centros públicos específicos de educación especial, BOJA nº 139, de 16/07/2010, en su artículo 8, recoge que uno de los derechos del profesorado es *"emplear los **métodos de enseñanza y aprendizaje** que considere más **adecuados** al nivel de desarrollo, aptitudes y capacidades del alumnado, de conformidad con lo establecido en el proyecto educativo del centro"*.

Además, debemos observar una serie de principios metodológicos que van a guiar nuestra actuación docente. Será global, flexible, vivenciada, lúdica, inductiva, creativa, práctica, significativa, **cooperativa**, práctica, investigadora y que fomente el conocimiento de resultados interno.

En la etapa de primaria tendremos especial cuidado la atención a la diversidad del alumnado, en la atención individualizada, en la prevención de las dificultades de aprendizaje y en la puesta en práctica de mecanismos de refuerzo tan pronto como se detecten estas dificultades (R.D. 126/2014).

La metodología didáctica, comprende tanto la organización del trabajo como la descripción de las prácticas de enseñanza y aprendizaje (R.D. 126/2014).

El artículo 7, sobre "orientaciones metodológicas" del R. D. 126/2014, nos indica:

1. Los centros docentes elaborarán sus propuestas pedagógicas arbitrando métodos que tengan en cuenta los diferentes ritmos de aprendizaje del alumnado, favorezcan la capacidad de aprender por sí mismo y promuevan el trabajo en equipo.

2. La metodología didáctica en esta etapa educativa será fundamentalmente activa, motivadora y participativa, partirá de los intereses del alumnado, favorecerá el trabajo individual, cooperativo y el aprendizaje entre iguales, e integrará en todas las áreas referencias a la vida cotidiana y al entorno inmediato.

3. Las estrategias metodológicas permitirán la integración de los aprendizajes, poniéndolos en relación con distintos tipos de contenidos y utilizándolos de manera efectiva en diferentes situaciones y contextos.

4. La metodología didáctica se orientará al desarrollo de competencias clave, a través de situaciones educativas que posibiliten, fomenten y desarrollen conexiones con las prácticas sociales y culturales de la comunidad.

5. Una metodología que favorezca el desarrollo de tareas relevantes, haciendo uso de métodos, recursos y materiales didácticos diversos.

6. Asimismo, se garantizará el funcionamiento de los equipos docentes, con objeto de proporcionar un enfoque interdisciplinar, integrador y holístico al proceso educativo.

7. En el proyecto educativo y en las programaciones didácticas se plasmarán las estrategias metodológicas previstas para alcanzar los objetivos de cada área, así como la adquisición por el alumnado de las competencias clave.

8. Las programaciones didácticas de todas las áreas incluirán actividades y tareas en las que el alumnado leerá, escribirá y se expresará de forma oral, así como, hará uso de las Tecnologías de la Información y la Comunicación.

En cualquier caso, **nunca olvidar** prever en nuestro planteamiento:

- **Actividades de lectura, escritura y expresión oral.**
- **Uso de las TIC/TAC.**
- **Realización de actividades grupales con estrategias cooperativas.**
- **Atención a la diversidad.**

EVALUACIÓN

La evaluación de los procesos de aprendizaje del alumnado será continua y global y tendrá en cuenta su progreso en el conjunto de las áreas.

En el contexto del proceso de evaluación continua, cuando el progreso de un alumno o alumna no sea el adecuado, proveeremos medidas de refuerzo educativo. Estas medidas se adoptarán en cualquier momento del curso, tan pronto como se detecten las dificultades y estarán dirigidas a garantizar la adquisición de las competencias imprescindibles para continuar el proceso educativo.

Debemos evaluar tanto los aprendizajes del alumnado como los procesos de enseñanza y su propia práctica docente, para lo que establecerán indicadores de logro en las programaciones docentes.

Para la evaluación utilizaremos como referentes los criterios de evaluación y estándares de aprendizaje evaluables (R.D. 126/2014). Éstos se definen como especificaciones de los criterios de evaluación que permiten definir los resultados de aprendizaje, y que concretan lo que el alumno debe saber, comprender y saber hacer en cada asignatura; deben ser observables, medibles y evaluables y permitir graduar el rendimiento o logro alcanzado. Su diseño debe contribuir y facilitar el diseño de pruebas estandarizadas y comparables.

Siguiendo al mismo R. D. 126/2014, los criterios de evaluación son el referente específico para evaluar el aprendizaje del alumnado. Describen aquello que se quiere valorar y que el alumnado debe lograr, tanto en conocimientos como en competencias; responden a lo que se pretende conseguir en cada asignatura.

6.- CARACTERÍSTICAS PSICOBIOLÓGICAS DEL ALUMNADO DE PRIMARIA.

TEXTOS DE APOYO PARA COMENTAR CARACTERÍSTICAS PSICOBIOLÓGICAS DEL ALUMNADO PARA CASOS DONDE SEA NECESARIO FOCALIZAR LO PEDIDO EN UN CICLO/EDAD CONCRETO.

Tomado de Oña, A. (1987). Desarrollo y Motricidad: Fundamentos evolutivos de la Educación Física. I. N. E. F. Granada.

PRIMER CICLO DE PRIMARIA (6-8 años)

Aspectos cognitivos

- El desarrollo cerebral atraviesa un periodo de crecimiento estable.
- Pensamiento intuitivo que se va descentrando con predominio de la percepción global e indiferenciada, polarizada sobre los aspectos más llamativos.
- No tienen una representación adecuada de la realidad: conciben las cosas a su imagen (gran subjetivismo) y se creen el centro de todo (egocentrismo).
- La atención es inestable y se mantiene mientras dura el interés, manifestándolo por las cosas que le gustan.
- Carecen del sentido de lo relativo, de la reflexión y de la autocrítica.
- Tienen imaginación, curiosidad, impaciencia e imitan.
- En este ciclo se produce el paso progresivo del pensamiento egocéntrico y sincrético al descentrado y analítico.

Aspectos corporales y motores

- Aumento progresivo y estable en el crecimiento físico, sobre todo a nivel de las extremidades inferiores.
- El cuerpo manifiesta generalmente una forma rectilínea y plana, sobre todo la caja torácica.
- Hay una pérdida en las almohadillas de grasa, sobre todo en las articulaciones, y una mayor robustez en el cuello.
- Debido a que el desarrollo de los grandes grupos musculares es mayor que el de los pequeños, se produce un desequilibrio en la coordinación.
- No obstante, como los procesos de maduración del equilibrio y de la coordinación son patentes, muestran una aceptable habilidad motriz.
- Considerable gasto de energía ya que hacen gestos explosivos.
- Resistencia es baja y se cansan rápidamente. Mal control de impulsos motores.
- Paso progresivo de la acción del cuerpo a la representación corporal.
- Paso del movimiento global al diferenciado.
- Tienen sentido kinestésico del ritmo y del espacio.
- Afirmación definitiva de la lateralidad y diferenciación derecha/izquierda.
- Padecen con cierta facilidad enfermedades respiratorias altas, por el aumento del tejido linfático, productor de las defensas sanguíneas (amígdalas y vegetaciones).
- Los defectos posturales del movimiento pueden aparecer durante este periodo.

Aspectos afectivos y actitudinales

- La salida del entorno familiar propicia el inicio de la sociabilidad, pero la camaradería es casual y cambiante.
- Son egocéntricos, individualistas, impositivos, sensibles y no aceptan bien las críticas, pero buscan y desean la aprobación del adulto.
- El deseo de afirmar su personalidad crea tensiones.
- Pocas veces son generosos; no obstante, comienzan a cooperar y trabajar en grupo, pero necesitan la intervención del adulto para asentar las bases.
- En la mayoría de sus acciones son indiferentes al sexo.
- Les gustan las cosas familiares y tienen necesidad de seguridad.
- Tienen dificultades para tomar decisiones y un comportamiento inquieto.
- Participan en juegos de cooperación y respetan las reglas establecidas si son simples y concretas.

SEGUNDO CICLO DE PRIMARIA (8-10 años)

Aspectos cognitivos
- Periodo de estabilidad del crecimiento cerebral, con aumento de las conexiones dendríticas y sinápticas.
- Entran de lleno en el sub periodo de las operaciones concretas.
- Empiezan a usar la lógica, son más independientes en aspectos perceptivos.
- Predomina la realidad sobre la imaginación.
- Se desarrolla y consolida la capacidad analítica.
- Pueden organizar nociones espaciales y temporales.
- Son capaces de formar clasificaciones y categorías de objetos.
- Aparecen nociones de conservación de la sustancia, del peso y del volumen.
- La atención es mayor, pero es evidente un desasosiego general.
- La representación mental del cuerpo se consolida, así como las nociones derecha/izquierda.
- Esta edad es intelectualmente más curiosa que la anterior y aventurera.

Aspectos corporales y motores
- El ritmo de desarrollo se estabiliza y los cambios estructurales son menores.
- El crecimiento en altura es más lento que en el periodo anterior; en cambio, aumenta en anchura por lo que, morfológicamente están muy proporcionados; no obstante las extremidades crecen más que el resto del cuerpo.
- Debido a que los músculos pequeños se desarrollan más que los grandes y a que hay una mejora sensorial y neurológica, el nivel de coordinación es significativo, sobre todo la óculo-manual.
- Aumenta el tejido graso subcutáneo, lo que unido a alimentación inadecuada, puede provocar la aparición de sobrepeso.
- Ganan en equilibrio y vigor. Tienen un excedente de energía que se traducen en un aumento de la vitalidad y en un infatigable afán de actividad.
- Motricidad orientada y voluntaria, consiguiendo dominar su movimiento desde un punto de vista motor y físico.
- Independencia funcional de los segmentos y elementos corporales.
- Independencia derecha/izquierda.
- Aumenta la economía motriz a favor del movimiento más exacto y funcional. Es una fase de mayor rendimiento corporal y movimientos económicos y eficaces.
- Responden mejor a los esfuerzos de resistencia porque el corazón y los pulmones alcanzan mejores condiciones.
- La recuperación tras el esfuerzo es relativamente rápida.
- Con una práctica apropiada se estimula la capacidad aeróbica.

Aspectos afectivos y actitudinales
- Edad de oro de la infancia.
- Pierden la ingenuidad del comportamiento.
- Extroversión hacia el mundo exterior.
- Afán de aventuras.
- Disminuye la timidez y aparece la acción.
- Suelen tener atrevimiento, entusiasmo y reflexión.
- No suelen tener problemas de relación con la persona adulta.
- La determinación de tomar decisiones se desarrolla.
- Se interesan por las actividades deportivas.
- Discuten sobre lo correcto e incorrecto.
- Están bien adaptados a su estatus y satisfechos con el papel que les corresponde.
- A pesar de que tienen gran deseo de independencia y el sentido de la rivalidad es grande, la búsqueda y aceptación por los demás se hace muy importante, desarrollándose los instintos gregarios (hacen pandillas).

TERCER CICLO DE PRIMARIA (10-12 años)

Aspectos cognitivos

- El cerebro es capaz de actuar de forma más eficiente, de tratar más información y más rápidamente.
- Maduración de las estructuras cognitivas (atención, percepción, memoria e inteligencia).
- Se perfecciona la comprensión temporal, lo que se traduce en capacidad para hacer proyectos.
- Acceden al pensamiento formal (comprenden las leyes internas que subyacen en los fenómenos reales, comprenden los principios generales de la acción, y son capaces de elaborar síntesis a partir de datos reales).
- Desarrollo del pensamiento abstracto (capacidad crítica y afán por explicarlo todo en término de leyes del pensamiento).
- La lógica de las operaciones concretas tiene su apogeo.
- Al final del ciclo emerge la inteligencia teórica, diferenciándose de la práctica.

Aspectos corporales y motores

- El proceso de desarrollo se acelera preparando la pubertad.
- Aparecen los primeros signos de maduración sexual.
- Se origina el segundo cambio de configuración morfológica, caracterizado por peculiares desarmonías y crecimiento rápido de las extremidades inferiores.
- Es el momento del llamado estirón del crecimiento, debido a que en poco tiempo aumenta un considerable número de centímetros.
- Los cambios estructurales se manifiestan por modificaciones en el tejido óseo (a nivel escapular en los niños y pélvico en las niñas).
- Los músculos aumentan en longitud a medida que crecen los huesos.
- Equilibrio en todas las funciones del desarrollo.
- Se perfeccionan muchos de los logros motores alcanzados en años anteriores.
- Aumenta la actividad física, manifestando mejoras en los grandes sistemas encargados de la producción de energía, lo que favorece que sean capaces de estar más tiempo trabajando, con mayor intensidad y rapidez, es decir, hay una mejora cualitativa y cuantitativa.

Aspectos afectivos y actitudinales

- Sentimiento vital de optimismo. Separación del mundo interior del exterior.
- Poseen un conocimiento más objetivo de la realidad.
- Descubren el "yo personal" y su propia identidad.
- La motivación por el logro se independiza de la estimulación familiar y docente.
- Interés por practicar y compararse a los demás en sus habilidades motrices.
- Reforzamiento de las relaciones con el grupo.
- Elaboran un sistema de valores relativamente rígido.
- Quieren ser tratados como personas adultas.
- Pérdida de la espontaneidad (no dicen lo que sienten y piensan).
- Distanciamiento entre los dos sexos.
- A lo largo del ciclo se refuerzan las formas y los comportamientos relacionados con el sexo, acaban identificándose con el papel que la sociedad le asigna a cada sexo interiorizando las normas de conducta correspondientes.
- Aparece el "orgullo masculino" (sentimiento de superioridad frente a las niñas o "sexo débil").
- Comienzan a preocuparse por todo lo relativo al aspecto corporal.

7.- RECOMENDACIONES PARA LA REALIZACIÓN DEL SUPUESTO PRÁCTICO ESCRITO.

RECOMENDACIONES PARA LA REALIZACIÓN DEL SUPUESTO PRÁCTICO. ESTRATEGIAS.

Muchos de los consejos que ahora damos, sobre todo los relacionados con la presentación, escritura, etc. son también aplicables a la realización por escrito del examen "teórico" o del tema elegido entre los sorteados.

Dependiendo de la Orden de la Convocatoria y de la comunidad autónoma donde nos presentemos, habrá un **único** supuesto o **varios** para **elegir** uno. En este último caso, lo primero a realizar es identificar el elegido, bien reconociéndolo con su número, bien copiando el texto del supuesto.

En las convocatorias anteriores hemos comprobado que la mayoría de aprobados en el examen escrito tenían **buena letra**, además de contenidos notables. Efectivamente, entre los criterios de evaluación que utilizan los tribunales hay algunos puntos destinados a la **presentación** que no podemos desechar.

Gracias a las observaciones hechas por los tribunales de años anteriores y por los criterios de evaluación que han transcendido, estamos en disposición de apuntar una serie de anotaciones a considerar por las personas opositoras durante su periodo de preparación. Habitualmente los tribunales reservan parte de la nota total para los **aspectos "formales"** del examen, que ahora comentamos. Esto es de vital importancia porque dos opositores con igual cantidad y calidad de contenidos, sacará mejor nota quien mejor lo presente. Ante ello, reservar algunos minutos para poder **revisar** el examen antes de entregarlo, teniendo en cuenta lo siguiente:

- Nadie aprueba con **mala letra**. Igual decimos de la presentación y limpieza.
- Esto lo hacemos extensivo a las faltas de **ortografía**, acentuación, mala **sintaxis**, incorrecciones semánticas, **expresión** y **redacción**, escribir como se habla, poner vulgarismos, **repetir la misma palabra** continuadamente (demuestra **falta de fluidez** verbal), **tachones**, suciedad, etc. No podemos "escribir igual que hablamos". También, no poner el título del caso elegido o su título. Otro error habitual es el mal uso de los puntos, bien seguido, bien aparte.
- Debemos escribir por **una carilla** -al menos que el tribunal indique otra cosa- con letra más bien grande para facilitar su lectura. No poner detalles como "no recuerdo…"; "creo que…"; "no me da tiempo…"; "me parece que es…".
- La **media** de **folios** (carillas o páginas) que suelen hacer nuestros preparados en las dos horas del examen del tema escrito, están entre **14 y 16**, con **17-22 renglones** cada una (20 lo habitual) y **9 palabras/renglón**, teniendo en consideración unos **márgenes laterales** y **superior e inferior** de 2 a 2'5 centímetros. No obstante, conforme avanza la preparación y la "habilidad" para escribir este tipo de examen, hay quien aumenta el volumen de páginas de manera significativa, pero siempre manteniendo y respetando los criterios de evaluación que suelen tener los tribunales: letra, limpieza, construcción semántica, ortografía, etc. Esto se traduce en que el número de palabras suele estar alrededor de las 2400-2700, aproximadamente. **Extrapolando** estos detalles al examen **práctico** escrito podemos concretar:

- El tiempo **máximo** habitual por Convocatoria suele ser de 3 horas y media para el escrito del tema y del práctico.
- Estimamos en **2 horas** para el escrito del **tema y 90 minutos para el práctico**.
- De estos **90 minutos**, entendemos, que unos **20-30** minutos debemos usarlos para **discriminar** una de las dos propuestas. Es decir, **leemos comprensivamente** ambas tramas y, en función de muchos parámetros tales como haber solucionado alguno igual o similar en los meses de preparación, elegimos uno. Inmediatamente, realizamos en "**sucio**" un boceto de su resolución, teniendo en cuenta todos los puntos que hemos comentado y que están deducidos de los criterios de evaluación que tienen en cuenta los tribunales. De este modo, tenemos para realizar adecuadamente a "**limpio**" la resolución a lo planteado unos **60-65 minutos**.
- Así pues, en esta hora neta, podemos establecer que somos capaces de escribir alrededor de **1200-1400 palabras**, "**todo incluido**", es decir, comprendiendo Índice, Introducción, Conclusiones, Bibliografía, etc. No obstante, con cierta frecuencia nos encontramos con opositores que no llegan a ese número y otros que lo rebasan.
- Por todo ello, concluimos, debemos entrenar resoluciones de casos prácticos que no sobrepasen ese número de palabras. No obstante, es imprescindible **comprobar** varias veces este dato con objeto de no auto falsearnos nuestra preparación. Es decir, si entrenamos contestaciones de más palabras lo más probable es que el día del examen cuando vayamos por las conclusiones, se nos acabe el tiempo. Si ensayamos con menos palabras, nos sobrará tiempo que se lo "regalaremos" a los demás. No olvidemos que estamos en una oposición, no en un examen de facultad donde basta con aprobar. En una oposición no basta con el aprobado, hay que tener el objetivo en sacar un puesto que esté dentro del **número de plazas** que tiene para otorgar el tribunal. De ahí que todos los **detalles** nos sean imprescindibles para alcanzar la máxima nota.

- Los **renglones** deben ser **paralelos** y siempre con el mismo **interlineado**. En caso de tener problemas para hacerlo, podemos llevarnos una **plantilla** ya hecha, como una hoja tamaño folio de cuaderno de rayas, o bien hacerla allí mismo con lápiz y regla. Si tampoco pudiese ser (a veces los tribunales han hecho especial hincapié en "no entrar con plantilla, regla, etc."), nos esmeraríamos en la realización de la primera página, aunque tardásemos más tiempo, y ésta nos serviría como "falsilla" o planilla de renglones. Otro "**truco**" es hacerla a partir del **DNI** al que previamente le hemos hecho unas señales minúsculas con la anchura que deseamos.
- No se puede **improvisar**. Para ello es importante el **entrenamiento** durante el periodo de preparación. De ahí surge la **automatización** de todos estos aspectos, además del sangrado, márgenes, etc. No poner abreviaturas.
- Por otro lado, debemos **numerar** las hojas, incluso algunos lo hacen poniendo "1 de 15; 2 de 15…".
- La utilización de **dos colores** de tinta **no** suele estar **permitido**, como tampoco subrayados para señalizar los títulos, epígrafes, ideas fundamentales, etc., al menos que el tribunal exprese lo contrario. En todo caso, **preguntar** al tribunal antes de empezar si es posible su uso, así como de tippex. También, si se pueden poner gráficos, flechas, tablas, etc., si el tribunal lo permite, pero la Orden de la Convocatoria suele prohibirlo por considerarlo posible "**señal**". Un **bolígrafo** tipo **gel** y apoyarnos sobre un **superficie dura** para que éste se deslice mejor, nos permite mayor velocidad de escritura manteniendo su calidad. Quienes suelen hacer tachaduras, previendo que no les dejen usar

tippex, pueden optar por un **bolígrafo borrable por fricción** (marca Pilot o similar) que elimina cualquier rastro de su propia tinta. No obstante, determinados "bolígrafos rápidos" que se basan en tinta tipo gel, suelen ser peor para opositores **zurdos**, por razones obvias. Recordamos la necesidad de seguir exactamente las **instrucciones** que nos dé el tribunal al respecto, habida cuenta tenemos experiencias sobre la **anulación** de exámenes por el uso de este tipo de herramienta de escritura.

En cualquier caso, es **imprescindible** conocer los **criterios de evaluación** que van a seguir los tribunales, máxime si son públicos, como viene ocurriendo en varias comunidades autónomas, y en Andalucía de forma más concreta. Debemos, pues, hacer caso de ellos y citar o desarrollar todos los **aspectos** que los criterios mencionan, como los autores hemos hecho en este trabajo.

Precisamente, el tiempo no lo podemos perder, por lo que si terminamos el examen y aún quedan cinco o diez minutos, debemos **repasar** lo escrito por si se nos ha olvidado algo relevante o no hemos puesto la debida atención a las faltas gramaticales, sesgos sexistas, escritura con "códigos SMS", etc. Así pues, debemos agotar el tiempo subsanando cualquier error, incluso incluir algún autor más en el texto.

Nuestros preparados suelen preguntarnos por la expresión a usar. Aconsejamos el "**plural mayestático**" (*nosotros, ahora vemos, podemos seguir, observamos*, etc.)

No olvidar llevarse **agua** y alguna pieza de **fruta**. Normalmente a finales de junio suele hacer mucho **calor** y la sensación de éste aumenta con la tensión del examen.

8.- EJEMPLO-TIPO DE SUPUESTO PRÁCTICO RESUELTO.

PREPARACIÓN OPOSICIONES 2016-17
CASO PRÁCTICO Nº 1

Usted es docente especialista en un CEIP, donde imparte clase en 5º curso, ubicado en una población cercana al P. N. de Doñana. Dentro de una U. Didáctica destinada a la mejora de la coordinación y el equilibrio, debe exponer seis formas metodológicas distintas de organizar los bancos suecos de dos cuerpos en las sesiones de la misma, especificando algunos ejemplos.

NOTA: Dispone de 3 horas y media para su realización, incluyendo también el tiempo destinado a la realización del examen escrito sobre el tema elegido.

ÍNDICE:
- Introducción
1. Marcos referenciales
    a) R. legislativas
    b) R. curriculares
    c) R. conceptuales
2. Resolución del problema planteado
- Conclusiones
- Bibliografía
- Legislación
- Webgrafía

INTRODUCCIÓN

Este ejercicio práctico nos pide que, como especialistas en un CEIP (cercano al P.N. de Doñana) donde impartimos la docencia en 5º curso, dentro de una U. Didáctica destinada a la mejora de la coordinación y el equilibrio, debemos exponer seis formas metodológicas distintas de organizar los bancos suecos de dos cuerpos en las sesiones de la misma.

Lo resolvemos indicando seis ejercicios con distinta organización metodológica de los bancos suecos en los que los alumnos desarrollarán la coordinación y el equilibrio mediante dicha práctica.

Como ejemplo concreto de aplicación detallamos una organización de los bancos suecos en línea, batería, círculo, etc. en la que los alumnos/as tendrán que desplazarse sobre ellos de varias formas (carrera, gateo, cuadrupedia...).

En su resolución veremos lo que nos dice la legislación actual, sobre todo el R.D. 126/2014 y el D. 97/2015, así como lo expresado por autores de reconocido prestigio en la didáctica de la educación física, como Sáenz-López (2002)

1. MARCOS REFERENCIALES

a) Referencias legislativas

La Ley Orgánica para la Mejora de la Calidad Educativa (LOMCE), indica en su artículo 2 que la adquisición de hábitos intelectuales y técnicas de trabajo, de conocimientos científicos, técnicos, humanísticos, históricos y artísticos, así como el desarrollo de hábitos saludables, el ejercicio físico y el deporte.

El R.D. 126/2014, en su apartado sobre educación física, expone que los niveles que la Educación Física plantea tienen que adecuarse al nivel de desarrollo de las alumnas y de los alumnos, teniendo siempre presente que la conducta motriz es el principal objeto de la asignatura y que en ésta deben quedar aglutinados tanto las intenciones de quien las realiza como los procesos que se ponen en juego para realizarla, por lo que también lo tomamos como guía.

b) Referencias curriculares.

1.- Competencias Clave.

La coordinación y el equilibrio están relacionados con la competencia de conciencia y expresiones corporales porque ésta contempla las posibilidades y recursos corporales: expresión corporal, danza, deportes, juegos populares, tradicionales y otros.

2.- Objetivos de Etapa.

El título del ejercicio práctico conecta con todos los objetivos de etapa, aunque especialmente con el "k": "valorar la higiene y la salud, aceptar el propio cuerpo y el de los otros, respetar las diferencias y utilizar la educación física y el deporte como medios para favorecer el desarrollo personal y social", porque el cuerpo es en nuestra área la herramienta para el progreso del alumno/a en su formación como persona.

3.- Objetivos de Área.

Dentro de los objetivos del área, si bien tiene relación con todos sin excepción, quizás tenga más conexión con el nº 1, "conocer y valorar su cuerpo y la actividad física como medio de exploración y disfrute de sus posibilidades motrices, de relación con los demás y como recurso para organizar el tiempo libre"; con el nº 3: "utilizar sus capacidades físicas, habilidades motrices y su conocimiento de la estructura y funcionamiento del cuerpo para adaptar el movimiento a las circunstancias y condiciones de cada situación". También con el nº 4: "adquirir, elegir y aplicar principios y reglas para resolver problemas motores y actuar de forma eficaz y autónoma en la práctica de actividades físicas, deportivas y artístico-expresivas".

4.- Bloques de contenido.

Los bloques de contenido más relacionados con el título del ejercicio son el nº 1 "El cuerpo y sus habilidades perceptivo motrices", y el nº 4 "El juego y deporte escolar".

Algunos ejemplos de contenidos, son:

1.5. Discriminación selectiva de estímulos y de la anticipación perceptiva que determinan la ejecución de la acción motriz.
1.7. Equilibrio estático y dinámico en situaciones con cierta complejidad.
1.8. Estructuración espacio-temporal en acciones y situaciones motrices complejas que impliquen variaciones de velocidad, trayectoria, evoluciones grupales.
4.8. Aceptación y respeto hacia las normas, reglas, estrategias y personas que participan en el juego.
4.9. Aprecio del trabajo bien ejecutado desde el punto de vista motor y del esfuerzo personal en la actividad física.

4.14. Investigación y aprecio por la superación constructiva de retos con implicación cognitiva y motriz

5.- Criterios de evaluación.

Los criterios de evaluación con quien tiene más relación, son:

1. Resolver situaciones motrices con diversidad de estímulos y condicionantes espacio-temporales, seleccionando y combinando las habilidades motrices básicas y adaptándolas a las condiciones establecidas de forma eficaz.

6. Mejorar el nivel de sus capacidades físicas, regulando y dosificando la intensidad y duración del esfuerzo, teniendo en cuenta sus posibilidades y su relación con la salud.

6.- Estándares de Aprendizaje.

Los estándares de aprendizaje con quien tiene más relación, son:

1. Adapta los desplazamientos a diferentes tipos de entornos y de actividades físico deportivas y artístico expresivas ajustando su realización a los parámetros espacio-temporales y manteniendo el equilibrio postural.
1.2. Adapta la habilidad motriz básica de salto a diferentes tipos de entornos y de actividades físico deportivas y artístico expresivas, ajustando su realización a los parámetros espacio-temporales y manteniendo el equilibrio postural.
6.3. Adapta la intensidad de su esfuerzo al tiempo de duración de la actividad.

c) Referencias conceptuales.

Centrándonos en los diversos conceptos que aparecen en el título del caso práctico, distinguimos:

1. La unidad didáctica podemos definirla como unidades de programación de enseñanza con un tiempo determinado. La Unidad Didáctica es una propuesta de trabajo relativa a un proceso de enseñanza aprendizaje completo.
2. Una definición de coordinación según Álvarez del Villar (recogido en Contreras, 1998) es: la capacidad neuromuscular de ajustar con precisión lo querido y pensado de acuerdo con la imagen fijada por la inteligencia motriz a la necesidad del movimiento.
3. Consideramos que el equilibrio, Contreras (1998): mantenimiento de la postura mediante correcciones que anulen las variaciones de carácter exógeno o endógeno.
4. Metodología. Una definición tradicional del término "Metodología" sería "Camino a seguir para acercar a nuestros alumnos a los contenidos de aprendizaje".

2. RESOLUCIÓN DEL PROBLEMA PLANTEADO.

Vamos a centrar el ejercicio práctico en 5º curso (3º ciclo), tal y como nos indica el enunciado del ejercicio escogido. Las características psico biológicas más significativas, siguiendo a Oña (1987), son:

Aspectos cognitivos
- El cerebro es capaz de actuar de forma más eficiente, de tratar más información y más rápidamente.
- Maduración de las estructuras cognitivas (atención, percepción, memoria e inteligencia).
- Se perfecciona la comprensión temporal, lo que se traduce en capacidad para hacer proyectos.
- Al final del ciclo emerge la inteligencia teórica, diferenciándose de la práctica.

Aspectos corporales y motores
- El proceso de desarrollo se acelera preparando la pubertad.
- Aparecen los primeros signos de maduración sexual.
- Se origina el segundo cambio de configuración morfológica, caracterizado por peculiares desarmonías y crecimiento rápido de las extremidades inferiores.
- Es el momento del llamado estirón del crecimiento, debido a que en poco tiempo aumenta un considerable número de centímetros.
- Los cambios estructurales se manifiestan por modificaciones en el tejido óseo (a nivel escapular en los niños y pélvico en las niñas).
- Los músculos aumentan en longitud a medida que crecen los huesos.
- Equilibrio en todas las funciones del desarrollo.

Aspectos afectivos y actitudinales
- Sentimiento vital de optimismo. Separación del mundo interior del exterior.
- Poseen un conocimiento más objetivo de la realidad.
- Descubren el "yo personal" y su propia identidad.
- La motivación por el logro se independiza de la estimulación familiar y docente.
- Interés por practicar y compararse a los demás en sus habilidades motrices.

Uno de los objetivos básicos en el marco de la educación física es conseguir que el alumnado adquiera el mayor número posible de patrones motores, con objeto de poder construir nuevas opciones de movimiento, gracias al desarrollo conjunto de las capacidades coordinativas (López y Garoz 2004).

1ª Forma metodológica.- Los bancos suecos de dos cuerpos (casi dos metros), los ubicamos en forma de "cordón o línea". Las actividades que se pueden realizar, son:

- Actividades relacionadas con los desplazamientos: marcha, carrera, cuadrupedias, tripedias, gateos, reptaciones y desplazamientos en posición sedente, entre otras habilidades. Propuestas metodológicas de resolución de problemas: ¿Cómo es más fácil desplazarse por encima del banco? ¿De cuántas maneras distintas puedes correr con un pie por encima del banco y otro por el suelo?...

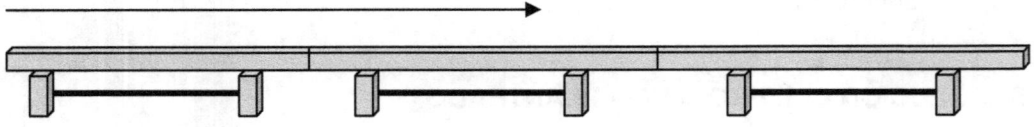

2ª Forma metodológica.- Los bancos suecos de dos cuerpos (casi dos metros), los ubicamos en forma de "batería" Las actividades que se pueden realizar, son:

- Carreras y saltos de forma individual y en parejas, saltos con multitud de variantes y formas, etc. ¿Cómo podemos correr y saltar de lado, hacia tras, etc.?

3ª Forma metodológica.- Los bancos suecos de dos cuerpos (casi dos metros), los ubicamos en forma de "cordón invertido". Las actividades que se pueden realizar están relacionadas con el equilibrio estático y dinámico. Por ejemplo:

- Marchas hacia delante, atrás, lateral con y sin uno o dos ojos cerrados, al mismo tiempo botando una pelota, etc.

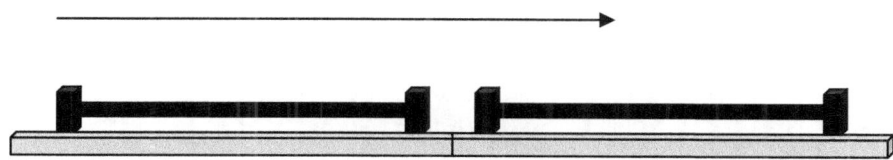

4ª Forma metodológica.- Los bancos suecos de dos cuerpos (casi dos metros), los ubicamos en forma de "cuadrado". Las actividades más apropiadas, dada la organización están relacionadas con los circuitos de tipo coordinativo. Por ejemplo:

- En uno se hacen saltos; en otro cuadrupedias, en el tercero equilibrios y en el cuarto, reptaciones. ¿Quién inventa la forma más divertida de desplazarse?

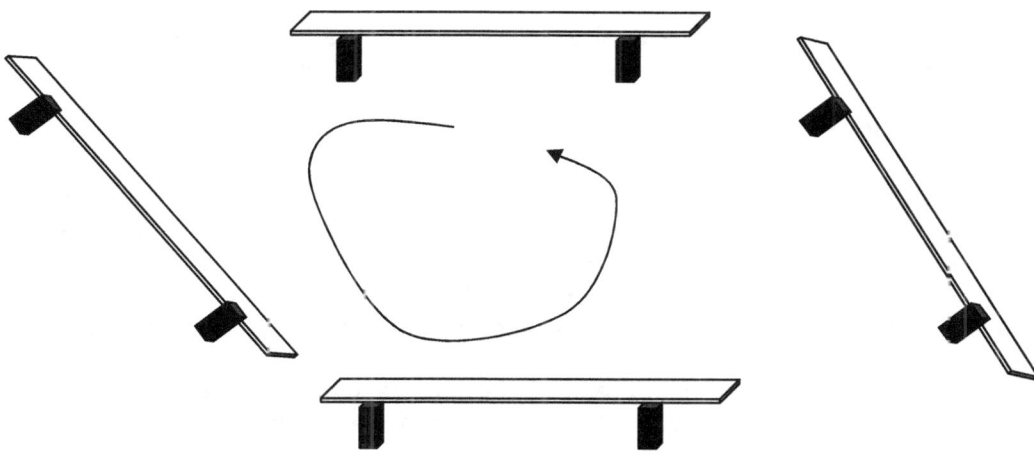

5ª Forma metodológica.- Los bancos suecos de dos cuerpos (casi dos metros), nos sirven para transportarlos en grupos mixtos, a corta distancia, sin correr y poniendo máxima atención. Por ejemplo:

- Llevándolo en lo alto; portándolo entre las piernas... Son formas no habituales de desplazamiento, por lo que el ajuste motor es mayor, así como diversos aspectos relacionados con los valores de cooperación entre los miembros del grupo. Por ejemplo, ¿cómo es más fácil transportar el banco entre seis compañeros? Todos los componentes del grupo deben colaborar para alcanzar el objetivo.

6ª Forma metodológica.- Los bancos suecos de dos cuerpos (casi dos metros), nos sirven para engancharlos a las espalderas. A partir de aquí podemos hacer:

- Carreras hacia arriba y bajamos trepando por la espaldera o viceversa.
- Deslizamiento hacia abajo.
- Es un excelente plano inclinado para ayudar a hacer la voltereta, poniéndole previamente una colchoneta encima.

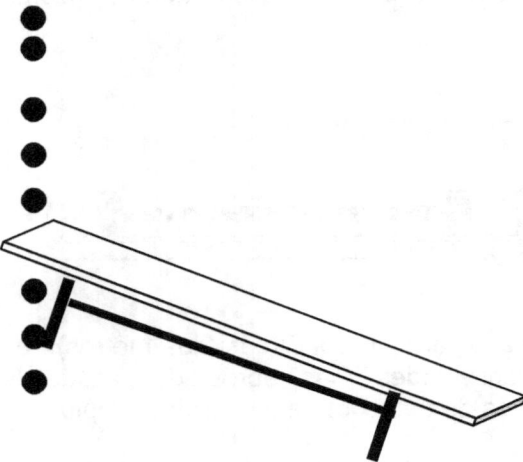

Estas formas metodológicas son ideales para llevar a cabo una estrategias de índole cooperativa, proponiendo a los subgrupos la realización de creaciones. Éstas, si las presentan por escrito y comentadas, estamos colaborando a la realización de escritura. A la hora de realizar las prácticas, el alumnado irá a su propio ritmo, por lo que individualizamos el aprendizaje.

Por otro lado, podemos evaluar el trabajo realizado a través de puestas en común, favoreciendo con ello la expresión oral y comunicación.

CONCLUSIONES

Hemos tratado sobre cómo organizar bancos suecos para realizar actividades que desarrollen el equilibrio y la coordinación en un 5º de primaria. Para ello nos hemos referido a diversos elementos legislativos, como la LOMCE/2013 y los componentes curriculares, destacando los criterios de evaluación que tratan el equilibrio y la coordinación que son las habilidades perceptivo-motrices que hemos visto.

Hemos establecido como estrategias de resolución una serie de pautas relacionadas con la organización de bancos suecos, así como actividades prácticas basadas en la coordinación y el equilibrio.

BIBLIOGRAFÍA

- CAÑIZARES, J. Mª y CARBONERO, C. (2009). *Currículum de Educación Física en Primaria para Andalucía. Aclaraciones terminológicas.* Wanceulen. Sevilla.
- CAÑIZARES, J. Mª y CARBONERO, C. (2007). *Temario de oposiciones de Educación Física para Primaria.* Wanceulen. Sevilla.
- CONTRERAS, O. (1998): Didáctica de la Educación Física. Un Enfoque Constructivista. Ed. Inde. Barcelona.
- ESCOBAR, R. (2004): Taller de Psicomotricidad. Guía práctica para docentes. Ed. Ideas propias. Vigo.
- GARCÍA, J. A. y FERNÁNDEZ, F. (2002): Juego y Psicomotricidad. Ed. CEPE. Madrid.
- GUTIÉRREZ, M. (1991): La Educación Psicomotriz y el Juego en la Edad Escolar. Ed. Wanceulen. Sevilla.
- SÁENZ-LÓPEZ, P. (2002). *Educación Física y su Didáctica.* Wanceulen. Sevilla.

LEGISLACIÓN

- JUNTA DE ANDALUCÍA (2007). *Ley 17/2007, de 10 de diciembre, de Educación de Andalucía (L. E. A.).* B. O. J. A. nº 252, de 26/12/07.
- JUNTA DE ANDALUCÍA (2015). *Decreto 97/2015, de 3 de marzo, por el que se establece la ordenación y el currículo de la educación Primaria en la comunidad Autónoma de Andalucía.* BOJA nº 50 de 13/013/2015.
- JUNTA DE ANDALUCÍA (2015). *Orden de 17 de marzo de 2015, por la que se desarrolla el currículo correspondiente a la educación Primaria en Andalucía.* BOJA nº 60 de 27/03/2015.
- M.E.C. (2013). *Ley Orgánica 8/2013, de 9 de diciembre, para la mejora de la calidad educativa.* BOE Nº 295, de 10/12/2013.
- M. E. C. (2006). Ley Orgánica 2/2006, de 3 de mayo, de Educación (L. O. E.). B. O. E. nº 106, de 04/05/2006, modificada en algunos artículos por la LOMCE/2013.
- M.E.C. (2014). *R. D. 126/2014, de 28 de febrero, por el que se establece el currículo básico de la Educación Primaria.* B.O.E. nº 52, de 01/03/2014.
- ECD/65/2015, O. de 21 de enero, por la que se describen las relaciones entre las competencias, los contenidos y los criterios de evaluación de la educación primaria, la educación secundaria obligatoria y el bachillerato. B.O.E. nº 25, de 29/01/2015.

WEBGRAFÍA

http://recursos.cnice.mec.es/edfisica/
http://www.adideandalucia.es
http://www.ite.educacion.es/es/recursos
http://www.juntadeandalucia.es/averroes/
http://recursostic.educacion
www.juntadeandalucia.es/educacion/descargasrecursos/curriculoprimaria/index.html